Meret Bissegger **Meine wilde Pflanzenküche**

Meret Bissegger

Meine wilde Pflanzenküche

Bestimmen, Sammeln und Kochen von Wildpflanzen

Mit Fotos von Hans-Peter Siffert

AT Verlag

AT Verlag, Aarau und München
Fotos: Hans-Peter Siffert, Winterthur
Bildaufbereitung: Vogt-Schild Druck, Derendingen
Druck und Bindearbeiten: Offizin Andersen Nexö, Leipzig
Printed in Germany

ISBN 978-3-03800-552-0

www.at-verlag.ch

Das vorliegende Buch erscheint gleichzeitig auch auf Italienisch
bei Edizioni Casagrande, Bellinzona, www.edizionicasagrande.com.

Inhaltsverzeichnis

9 Vorwort Slow Food
11 Vorwort der Autorin
13 Wie es zu diesem Buch kam
15 Einführung
15 Zu den Pflanzenbeschreibungen
15 Zu den Rezepten
16 Zur Sammel- und Küchenpraxis

28 Pflanzenporträts und Rezepte

31 Fichte und Lärche, *Picea abies* und *Larix decidua*
35 Scharbockskraut, *Ranunculus ficaria*
38 Mohn, *Papaver rhoeas*
42 Hopfen, *Humulus lupulus*
47 Brennnessel, *Urtica dioica*
55 Glaskraut, *Parietaria officinalis*
58 Portulak, *Portulaca oleracea*
62 Amerikanische Kermesbeere, *Phytolacca americana*

66 Familie der Gänsefußgewächse, *Chenopodiaceae*

69 Guter Heinrich, *Chenopodium bonus-henricus*
73 Weiße Melde, *Chenopodium album*
79 Sternmiere, *Stellaria media*
85 Leimkraut, *Silene vulgaris*
91 Amarant, *Amaranthus retroflexus, A. hybridus, A. blitum*

96 Familie der Knöterichgewächse, *Polygonaceae*

98 Schlangen-Knöterich, *Polygonum bistorta*
101 Japanischer Staudenknöterich, *Reynoutria japonica*
107 Sauerampfer, *Rumex acetosa, R. scutatus*
113 Linde, *Tilia cordata*
115 Veilchen, *Viola odorata*

120 Familie der Kreuzblütler, *Brassicaceae*

123 Knoblauchrauke, *Alliaria petiolata*
127 Brunnenkresse, *Nasturtium officinale*
131 Schaumkraut, *Cardamine hirsuta*
135 Silberling, *Lunaria annua*
139 Hirtentäschel, *Capsella bursa-pastoris*
141 Fetthenne, *Sedum telephium*
145 Wald-Geißbart, *Aruncus dioicus*

150 Familie der Hülsenfrüchtler, *Fabaceae*

152 Robinie, *Robinia pseudoacacia*
157 Wicke, *Vicia cracca, V. sativa, V. sepium, V. hirsuta*
161 Weidenröschen, *Epilobium angustifolium*
163 Nachtkerze, *Oenothera biennis*

166 Familie der Doldenblütler, *Apiaceae*

168 Wiesen-Kerbel, *Anthriscus sylvestris*
173 Giersch, *Aegopodium podagraria*
181 Bärenklau, *Heracleum sphondylium*
187 Natterkopf, *Echium vulgare*
190 Beinwell, *Symphytum officinale, S. bulbosum, S. tuberosum*

194 Familie der Lippenblütler, *Lamiaceae*

196 Gundelrebe, *Glechoma hederacea*
201 Taubnessel, *Lamium purpureum, L. album, L. galeobdolon*
205 Wiesen-Salbei, *Salvia pratensis*
207 Spitz- und Breit-Wegerich, *Plantago lanceolata, P. major*
213 Bachbungen-Ehrenpreis, *Veronica beccabunga*
215 Rapunzel, *Phyteuma betonicifolium, P. spicatum*
220 Labkraut, *Galium aparine, G. mollugo*
224 Schwarzer Holunder, *Sambucus nigra*
229 Feldsalat, *Valerianella locusta*

232 Familie der Korbblütler, *Asteraceae*

235 Kanadische Goldrute, *Solidago canadensis*
237 Gänseblümchen, *Bellis perennis*
240 Knopfkraut, *Galinsoga ciliata*
243 Margerite, *Leucanthemum vulgare*
247 Beifuß, *Artemisia vulgaris, A. verlotiorum*
249 Pestwurz, *Petasites hybridus*

255 Huflattich, *Tussilago farfara*
257 Klette, *Arctium lappa*
263 Kohldistel, *Cirsium oleraceum*
268 Rainkohl, *Lapsana communis*
271 Ferkelkraut, *Hipochaeris radicata*
275 Milchkraut, *Leontodon hispidus*
277 Löwenzahn, *Taraxacum officinale*
285 Gänsedistel, *Sonchus oleraceus, S. asper*
289 Pippau, *Crepis biennis, C. capillaris*
293 Taglilie, *Hemerocallis fulva*
297 Weinberg-Lauch, *Allium vineale, A. oleraceum*
301 Bärlauch, *Allium ursinum*

Anhang
309 Glossar
313 Zum Thema Giftigkeit
315 Danksagung
316 Bücher und Internetadressen
317 Rezeptverzeichnis
318 Pflanzenverzeichnis

Vorwort Slow Food

Wildes Wissen genussvoll aufbereitet und geschmackvoll zubereitet

In Meret Bisseggers wilder Pflanzenküche geht es behutsam zu und her. Das Bestimmen, das Pflücken, das Waschen und Zubereiten – all das braucht Geduld und Umsicht. Ein Grüppchen Menschen mit Notizblöcken in der Wildnis, Meret Bissegger hält eine Pflanze in die Luft: »Das ist der Giersch. Wer einen Garten hat, plagt sich jedes Jahr damit ab, dabei handelt es sich um eine Delikatesse!« Wie und wo man ihn findet, womit er gerne verwechselt wird, was seine spezifischen Eigenschaften sind und schließlich, was man in der Küche mit ihm anfangen kann, all das ist jetzt endlich in dem vorliegenden Buch nachzulesen.
In Merets wilder Pflanzenküche lebt die ganze Philosophie von Slow Food. Es ist nicht einfach die trendige »Rückkehr zur Natur«, wenngleich das vorliegende Bestimmungs- und Kochbuch den respektvollen Umgang mit der Natur sehr wohl fördert, es ist die Verbindung zwischen Natur und Kultur, zwischen Handwerk und altem Wissen, zwischen Tradition und Moderne. Noch bis ins letzte Jahrhundert hinein war das Sammeln und Verwenden von Pflanzen, Beeren und Kräutern auch in Europa verbreitet – sie waren wichtige Bestandteile der Nahrung, des Wohlbefindens, des Heilens. Das Wissen über essbare Wildpflanzen ist aus unserem Alltag verschwunden; dank diesem Bestimmungs- und Kochbuch aber verlieren wir es nicht ganz, es stellt Genusspflanzen vor, die wir wenn nicht gerade vor der Haustür oder im Nachbargarten, so doch in unserer unmittelbaren Umgebung finden.

Die Rebberge von Ludiano im Bleniotal (Tessin). Auf dem Gelände eines urzeitlichen Bergrutsches haben sich der Mensch und die Natur Platz geschaffen.

Wie aber bringt man den unverwechselbaren Geschmack der Sternmiere zur Geltung? Wie verhält sich die Pflanze je nach den verschiedenen Zubereitungsarten? Wie verträgt sie sich mit Gemüse, Weizen, Reis, Teigwaren oder Fleisch? Merets Pflanzenküche ist nicht nur eine »Naturküche«, sondern für manche auch eine Art »Zauberküche«, die wie alle Zauberei aus einer Fülle lernbarer Tricks besteht.
Ihre Erfahrungen auf der Alp und ihre Überzeugung, dass für eine gesunde Ernährung Geschmacksvielfalt wichtig ist, haben ihren Sinn für die Natur geschärft. Damals, in den achtziger Jahren war sie mit ihrem Gourmetrestaurant eine Pionierin der Bio- und Vollwertküche, manche nannten sie auch »verrückt« … Doch ihre Hartnäckigkeit, ihre Pflanzenkenntnisse und ihre genussreiche Terroir-Küche haben viele Skeptiker überzeugt; ihr wird auch über die Grenzen einer rein ernährungsidealistischen Klientel hinaus Respekt gezollt. Die delikate Küche, die Verwendung biologischer und frischer Produkte aus der Region und die moderaten Preise haben ihr schon früh einen Platz in der »Guida Osterie d'Italia« gesichert.

Die Kuh meidet den giftigen Hahnenfuß. Über einen solch sicheren Instinkt verfügen wir Menschen nicht mehr, er hat sich im Laufe unserer Entwicklung abgestumpft. Dank Merets wilder Pflanzenküche und den schönen Bildern von Hans-Peter Siffert werden die Sinne jedoch wieder sensibilisiert, die Beobachtung geschärft, der Respekt für die Pflanzen gefördert, der Geschmack geschult und der Blick auf den regionalen Reichtum sowie auf eine naturnahe, sozial verträgliche Produktion gelenkt – ganz gemäß dem Motto von Slow Food: »gut, sauber und fair«.

Roger Staub
Ursula Hasler, Mitglied der Geschäftsleitung
Slow Food Schweiz

Vorwort

Das Kochen mit selbst gesammelten Wildpflanzen ist eine meiner Leidenschaften.
Angefangen hat alles vor fast dreißig Jahren. Damals lebte und arbeitete ich auf einer Tessiner Alp, die dreieinhalb Marschstunden und 1500 Höhenmeter vom nächsten Laden entfernt war. Entsprechend einfach war der Speisezettel, vor allem was frisches Gemüse und Salate angeht. Da ich schon damals eine Gemüseliebhaberin war, konnte ich mir die drei Monate da oben ohne Grünzeug nicht vorstellen. Schon in den Jahren zuvor hatte ich mich mit dem Thema der Medizinalkräuter befasst. Eines meiner Bücher führte für jede Pflanze neben dem medizinischen auch den kulinarischen Gebrauch auf, und so richtete sich mein Interesse rasch von den Tinkturen und Tees auf die essbaren Kräuter. Auf meinen morgendlichen Rundgängen, um die Ziegen einzuholen, begann ich die Pflanzen zu beobachten. In der Mittagspause fand ich dann die Zeit, sie zu pflücken. Es gab daraus einfache Gerichte, meistens Eintöpfe auf dem Feuer, aber den Sennen schienen sie zu munden – vielleicht auch dank dem Sherry, den ich jeweils aus dem Versteck holte, um die Suppen in letzter Minute abzuschmecken.
Seitdem hat mich das Interesse für essbare Wildpflanzen immer begleitet, und Jahr für Jahr kamen neue Kenntnisse dazu. Die Bücher von Oskar Marti, François Couplan, Eve Marie Helm, Ermanno Valli, Aldo Decò, Michel Bras, später auch die von Steffen Guido Fleischhauer, Jean-Marie Dumaine und noch viele andere waren meine Lehrmeister. Und sie inspirieren mich heute noch.
Später, in meinem »Ristorante Ponte dei Cavalli« in Cavigliano (1990–2000), habe ich im Frühjahr ganze Degustationsmenüs mit essbaren Wildpflanzen zubereitet: Ich genoss es, meinen Gästen Ungewohntes und Unbekanntes aufzutischen, und sie wussten es zu schätzen. Sie waren auch die Ersten, die nach Kochkursen und einem Kochbuch fragten. So habe ich im Frühjahr 2000 angefangen, neben den Winterkochkursen Sammel- und Kochkurse für Wildpflanzen anzubieten.
Seither ist für mich der Frühling immer mehr zur Kräuterkurs-Saison geworden: An verschiedenen Orten im Tessin und in der deutschen Schweiz führe ich meist mehrmalige oder mehrtägige Kurse durch. Zu Beginn beschränkte ich mich auf die jüngsten Salatpflanzen und wenige andere Gewächse. Mit wachsender Kenntnis immer neuer Pflanzen hat sich die anfänglich sehr kurze Saison verlängert: Sie beginnt immer noch im März, geht aber weit über den April hinaus und findet ihren Abschluss im Juni auf 2000 Metern Höhe. Wenn dann die ersten Sommergemüse aus dem Garten oder vom Biobauern reif sind, ist für mich meistens die Zeit des wilden Sammelns vorbei. Dann genieße ich die saisonale Gemüsefülle, die sich langsam bis in den frühen Winter hinein verändert. Zwar sehe ich im Herbst die dann nochmals frisch sprießenden Kräuter, doch der Ruf von Kürbis, Kastanien & Co. bringt mich auf andere kulinarische Ideen. Nach dem langen Winter mit all den köstlichen Wurzelgemüsen, Kohl und Lauch bin ich dann im folgenden Frühling immer so richtig gierig auf frisches Grün – oder wie die Zeitschrift »Salz & Pfeffer« es formulierte: »Im Frühling werde ich zur Geiß!«

Ich hoffe, dass ich Sie mit dem vorliegenden Buch etwas anstecken kann mit dieser wilden Leidenschaft. Ich wünsche ihnen viel Spaß und Geduld bei der Ernte und dann einen guten Appetit!

Meret Bissegger

Wie es zu diesem Buch kam

Von Hans-Peter Siffert

Vor bald zwanzig Jahren lernte ich Meret Bissegger an einem Biowein-Seminar im Engadin kennen.
Später ließ ich mich hin und wieder von ihr im Ristorante Ponte dei Cavalli verwöhnen und las regelmäßig ihre Mailings.
Für eine Reportage über ihre Wildkräuterkurse, die ich für die Zeitschrift »Schweizer Familie« realisieren konnte, besuchte ich im März 2009 bei ihr den ersten Kurs der Saison. Obwohl die Landschaft noch im Winterschlaf zu dösen schien, war ich – wie die meisten der anderen Kursteilnehmer – überrascht von der Vielfalt an Pflänzchen und Kräutern, die bereits aus dem Boden schossen. Das Wochenende war für mich als begeisterter Pilzsammler und Gourmet ein Highlight.
Spontan fragte ich Meret, ob sie noch nie daran gedacht habe, ein Buch zu machen. Doch sie erwiderte, das sei ein Projekt fürs Alter, jetzt habe sie einfach keine Zeit neben all ihren anderen Aktivitäten und den Wildkräuterkursen. Ich schickte ihr einige meiner Fotos, skizzierte Ideen und Argumente, die für die Realisierung des Projekts zum jetzigen Zeitpunkt sprachen. Nach einigen Gesprächen und einigen Nächten mit wenig Schlaf stieg Meret darauf ein. Drei Wochen später fotografierte ich bereits in einem zweiten Kurs für unser Buch. Bis in den Sommer gingen wir mehrmals zusammen auf die Pirsch. Nur langsam dämmerte mir, wie groß der Aufwand für dieses Buch sein würde. Im Winter ordneten wir die Bilder, erstellten einen Aufnahmeplan für 2010 mit den noch fehlenden Bildern und suchten finanzielle Unterstützung. Freunde und Bekannte, die bereit waren, als Gönner und Gönnerinnen das Projekt zu fördern, gaben uns auch emotionalen Rückhalt. Im März unterschrieben wir den Vertrag mit dem AT Verlag – nun gab es kein Zurück mehr.

Das Wetter war uns in diesem Frühjahr wohlgesinnt, der Vegetationszyklus jedoch verspätet, weshalb wir den Zeitpunkt für bestimmte Fotos mehrmals verschieben mussten. Dank unserer Datenbank behielten wir stets den Überblick. Auf Pflanzensuche zogen wir durch die Magadinoebene und vor allem durchs Bleniotal, wo ich nebenbei manch schöne Ecke kennenlernte.
Meret hat wie wild gekocht, zusammen haben wir angerichtet und die Teller draußen auf Tessiner Holz und Stein fotografiert. Manchmal machte uns dabei der Nordföhn zu schaffen, der in Malvaglia gehörig pfeifen kann. Abends waren wir nudelfertig und genossen all die abgelichteten Delikatessen – hin und wieder half allerdings, nach lauter Grün, nur die Flucht in eine nahe Pizzeria.
Ab August verschwand Meret in die Schreibstube. Ich kann nur ahnen, wie schwer es ihr manchmal fiel, am PC zu bleiben. Aber sie ist eine Dauerläuferin und hat genug Freunde, die sie unterstützten. Ab Oktober galt es, die digitale Bilderflut fertig zu ordnen und zu bearbeiten. Für die Bildwahl haben wir zusammen viele Stunden vor meinem Bildschirm gesessen und Grüntöne begutachtet und definiert, bis wir viereckige Augen hatten. Nun liegt Ihnen das fertige Buch vor, und ich wünsche Ihnen damit viele spannende Entdeckungen und Aha-Erlebnisse.

Im März beginnen bei Meret wieder die Wildpflanzenkurse, und ich werde sicher erneut dabei sein. Das Virus ist ansteckend. Herzlichen Dank, Meret!

Hans-Peter Siffert

Obwohl die Natur noch sehr karg aussieht (oben links), fängt die Wildkräutersaison an geschützten Orten schon früh an.

Der Garten der Casa Merogusto in Malvaglia war unser privilegiertes Fotostudio. Oben rechts Hans-Peter Siffert an der Arbeit.

LORA HELVETICA
Konrad Lauber
Haupt

Einführung

Zu den Pflanzenbeschreibungen

Dieses Buch ist mehr als ein Kochbuch – es ist zugleich auch ein praktischer Führer, um die gängigsten Wildpflanzen in ihrem jungen Wachstumsstadium bestimmen zu lernen. Auf den Fotos sind die wichtigsten Details der Pflanzen und die verschiedenen Wachstumsstadien erkennbar. Bei jedem Pflanzenporträt steht ein Bild des Sammelguts, das jeweils zeigt, welche Pflanzenteile für die Küche gepflückt werden.

Dieses Buch soll andere Bestimmungs- oder Pflanzenbücher nicht ersetzen, sondern als interessante Ergänzung für den Wildpflanzen-Gourmet dienen. Die Pflanzenbeschreibungen sind relativ kurz; sie verzichten weitgehend auf botanische Fachausdrücke und sind ähnlich wie in meinen Kursen möglichst praxis- und naturnah formuliert, um eine sinnliche Wahrnehmung zu vermitteln. Es sind bewusst nur wenige Fotos der blühenden Pflanzen enthalten, dafür werden die für den Sammler wichtigen frühen vegetativen Stadien, in denen das Kraut kulinarisch interessant, aber schwieriger zu erkennen ist, ausführlich im Bild präsentiert.

Bei der Bestimmung neuer Pflanzen benütze ich viele, sehr unterschiedliche Bücher. Manchmal ist es eine genaue Schwarz-Weiß-Zeichnung oder das Detail einer Blüte, dann wieder die fachliche botanische Beschreibung oder eine schöne Illustration aus früheren Jahrhunderten, die für die Bestimmung einer Pflanze nützlich sind. Darum empfehle ich dringend, immer mehrere Bücher zu konsultieren (siehe Bibliografie im Anhang).

Eine der wichtigsten Regeln beim Wildsammeln ist die Sicherheit: Man soll nur pflücken, was man hundertprozentig kennt. Wildpflanzen bestimmen lernen heißt, ihren ganzen Lebenszyklus zu beobachten, manchmal über mehrere Jahre hinweg; die gleiche Pflanze kann nämlich sehr unterschiedlich aussehen, je nach Stadium und Standort. Dazu braucht es Geduld und Beharrlichkeit: Jedes Jahr kommen so zwei bis fünf neue Pflanzen hinzu, die man sicher kennt, und andere bleiben weiterhin »unter Beobachtung«.

Es ist auch wichtig, die Pflanzen benennen zu können, da sie sonst schneller vergessen gehen. Es gibt jedoch zum Teil sehr viele Volksnamen für ein und dieselbe Pflanze, was oft zu Verwechslungen und Unklarheiten führt – vor lauter Bocks-, Ziegen-, Bären- und Hühner-Darm, Bart, Wurz, Horn, Schwanz und Klaue weiß man gar nicht mehr, wovon eigentlich die Rede ist. Daher plädiere ich unbedingt dafür, dass Sie so schnell wie möglich immer auch den lateinischen Namen lernen. Mit ihm gehen sie auf Nummer sicher, und dies auch wenn Sie einmal ihre Region verlassen und in andere Sprachgebiete eintauchen, mit anderen Interessierten Wissen austauschen oder andere Bücher konsultieren.

Zu empfehlen ist, einen Kurs unter fachkundiger Anleitung zu besuchen. Die Pflanzen aus erster Hand direkt in der Natur kennenzulernen, verkürzt die Lernzeit erheblich.

In diesem Buch finden Sie die Pflanzen in der üblichen botanischen Reihenfolge (Ordnung) nach ihrer Entstehungsgeschichte aufgelistet. Gewächse aus der gleichen Familie stehen damit nebeneinander, was für die Bestimmung sehr hilfreich ist. Manchen Pflanzenfamilien ist zusätzlich ein spezieller Einführungsteil gewidmet, der durch den Text, aber vor allem durch die Bilder die typischen Merkmale und Ähnlichkeiten einer Gruppe hervorhebt.

Zu den Rezepten

Die Rezepte sind einfach gehalten und geben Ideen, wie sich die besonderen Qualitäten des Sammelguts veredeln lassen. Sie sind immer für etwa 4 Personen berechnet, wobei die meisten Rezeptangaben nicht aufs Gramm genau zu nehmen sind. Ich improvisiere jedes Mal von neuem, wenn ich in die Küche gehe. Die Natur hält auch nicht immer alles so bereit, wie wir es gerne hätten oder wie es das Rezept vorgibt!

Kulinarisch gesehen kann man die essbaren Wildpflanzen in folgende Zubereitungskategorien einordnen: Salate, aromatische Kräuter, Spinat, Stängelgemüse, Spargeln, Brokkoli, Kapern, Blüten, Früchte und Wurzelgemüse. Dementsprechend kann man die verschiedenen Teile der Pflanzen nach den üblichen Rezepten für Zuchtgemüse kochen. Der Geschmack der wilden Variante ist jedoch meistens intensiver und ursprünglicher.

Zur Sammel- und Küchenpraxis

Wo sammeln?

Der erste Ort, den ich auf der Suche nach Wildpflanzen abklappere, ist mein eigener Garten: Im Gemüsegarten und in den verschiedenen Ecken und Winkeln, auf der Wiese und in den Hecken darum herum finde ich allerlei Unkraut. Meine Wiese schneide ich nur wenige Male pro Jahr, so kann sich dort viel Essbares einnisten. Beim Biobauern finde ich oft ergiebige Unkrautfelder, aber auch nicht zu stark gedüngte Wiesen, Hecken und Waldränder sind beliebte Standorte. Natürlich gehe ich auch in die freie Natur, in Wälder, an Bäche und auf die Alpen. Ich liebe Brachflächen, verwahrloste Orte, die vom Menschen vorübergehend nicht »in Ordnung« gehalten werden; auf diesem Niemandsland findet man viele Pionierpflanzen und kann den Wandel der Natur eindrücklich erleben.
Am besten besucht man immer wieder die gleichen Sammelorte: So lernt man sie langsam kennen und gewinnt nützliche Informationen etwa darüber, wie viele Leute (und Hunde) dort vorbeikommen, wie der Bauer das Land bearbeitet, wie die Natur sich entwickelt, ob der Kräuterbestand sich nach dem Pflücken zu erholen vermag oder ob man zu viel geerntet hat.
Das Beobachten der Natur ist eine sehr wichtige Tätigkeit für den Wildsammler. Respekt und Wertschätzung der Natur, die sich daraus ergeben, sind für unsere innere Haltung absolut notwendig, vor allem in der heutigen Zeit, wo der Mensch immer mehr Druck auf die Natur ausübt. Wir müssen uns bewusst sein, wie viel Wildsammler die Natur überhaupt erträgt, um nicht aus lauter Naturbegeisterung die Biodiversität noch mehr zu schädigen. Zum Glück sind viele der aufgelisteten essbaren Pflanzen sogenannte Unkräuter oder invasive Neophyten, die uns bisweilen fast über den Kopf wachsen: Bei ihnen müssen wir keine Zurückhaltung üben und können sie bedenkenlos pflücken.

Wie sammeln?

Werkzeug: Für die meisten Pflanzen, von denen man den oberen, jüngeren und entsprechend zarten Stiel- oder Stängelteil erntet, ist ein entsprechend langer Daumennagel ein hervorragendes Instrument. So merkt man beim Abknipsen auch schnell, ob die Pflanze schon zu zäh ist. Natürlich brauche ich auch ein Taschenmesser, dies vor allem für Blätter und Blattrosetten. Eine Schere ist praktisch bei der Brennnesselernte sowie für alle Kräuter, die in Form von ganzen Kissen oder Polstern wachsen, die man oben nur abzuschneiden braucht.
Um die Kräuter aufzubewahren, benütze ich Zellophan- oder Plastikbeutel. Sie verhindern das Austrocknen. Für Salate und Gemüse, unser Hauptsammelgut, ist Wasserverlust das Schlimmste, und verwelktes Sammelgut sieht nicht mehr appetitlich aus. Für ganz kleine, empfindliche Pflanzenteile und für Blüten brauche ich gut verschließbare, stabile Behälter, zum Beispiel Tiefkühlbehälter. In jeden Beutel oder Behälter kommt immer nur ein Kraut, damit wir es später besser kontrollieren können (so lässt sich ein Fremdkraut im dichten Grün schneller finden). Zudem erlaubt uns dies auch, erst in der Küche zu entscheiden, was wir damit kochen wollen. Ich sammle immer nur so viel, wie ich brauche, ohne den ganzen Bestand an einem bestimmten Ort gleich ganz auszulöschen. Das ist vor allem bei jenen Pflanzen wichtig, die nicht mehrmals im Jahr sprießen, und an Standorten, wo erkennbar ist, dass schon andere gesammelt haben. Eigentlich soll der Ort nach einem Besuch möglichst so aussehen wie zuvor: das Gras nicht völlig zertreten und von den essbaren Pflanzen immer noch genug übrig gelassen, damit sie weiter gedeihen und sich fortpflanzen können.
Besondere Aufmerksamkeit und Zurückhaltung braucht es bei manchen Pflanzen, die einen dazu verleiten, zu viel davon zu sammeln, sei es durch die vorkommende Menge (z.B. Bärlauch), wegen der besonderen Art der

Oben links: Brachstellen, Niemandsland, steile Böschungen und verwilderte Randzonen sind reiche Sammelorte. Felsen (Bild unten) erzeugen ein warmes Mikroklima – das Wachstumsstadium der Pflanzen kann so in der gleichen Region sehr unterschiedlich sein.

Rechts oben: Sich mit großem, hohen Schritten fortzubewegen schont die Wiese.

Rechts Mitte: Manchmal pflücke ich auch Unkräuter auf dem Feld eines Biobauern – natürlich mit dessen Einverständnis.

Das Sammelgut wird vor Ort schon weitgehend gesäubert (oben). Zuhause dann macht man zuerst mal Inventar (unten links).

Unten rechts: Die Schere ist eine praktische Pflückhilfe, zum Beispiel beim Brennnesselpflücken.

Rechte Seite: Von manchen Pflanzen sind die verschiedenen Teile separat zu pflücken, wenn man sie für unterschiedliche Zwecke verwenden will. Hier Knospen und junge Stängelsprosse von Pippau (siehe Seite 289).

Ernte, wie etwa das Herausziehen bei Weinberg-Lauch oder das vergnügliche Abknipsen oder auch – ähnlich wie beim Pilzesammeln – wenn der Suchreflex sich verselbständigt und eine Eigendynamik entwickelt.

Was sammeln?

Wir pflücken immer nur den essbaren Teil der Pflanze. Das vereinfacht das weitere Verarbeiten und schont die zurückbleibenden Pflanzen, die so wieder Nebensprosse bilden können.
Ganz wichtig ist, nur sauberes, einwandfreies Sammelgut zu ernten: Alles, was gelb, welk, faul oder zäh ist, sowie Gräser und Unbekanntes wird schon beim Pflücken ausgesondert. So muss man zu Hause das Sammelgut nur noch waschen und eventuell die Rosetten auseinanderschneiden. Wer sich nicht konsequent an diese Regel hält, riskiert, zu viel zu pflücken und in der Küche dann vielleicht alles in den Kompost zu werfen, weil die Geduld zum nachträglichen Aussortieren fehlt. Höchstens bei ganz schlechten Wetterverhältnissen erlaube ich mir ein schnelles, ungeordnetes Sammeln.
Am wichtigsten jedoch ist, nur das zu sammeln, was man mit hundertprozentiger Sicherheit kennt; im Zweifelsfall ein Pflänzchen mit nach Hause nehmen und mit Hilfe von Büchern bestimmen.
Jede Pflanze hat ihre besonderen Teile, die zu kulinarischen Zwecken gepflückt werden; meistens interessieren uns nur die jungen, zarten Teile, manchmal auch die Blätter mit oder ohne Stängel, manchmal nur der oberste Teil, der Spross, der Blütenknopf mit oder ohne Ansatz. Ich habe mich bemüht, bei jeder Pflanze die entsprechenden Angaben zu machen; dies soll aber auf keinen Fall das eigene Urteil ersetzen – was der eine schon zäh findet, ist für den anderen noch gut genießbar. Bei Salaten lässt sich dies gut testen: Wenn ein Blatt sich nach zweimaligem Beißen wie ein Stück Papier anfühlt, ist es ganz klar zu zäh. Kostproben sind also in jedem Fall aufschlussreich.

Giftigkeit, Verwechslungen

Neben den ausgezeichneten essbaren Wildpflanzen gibt es viele Gewächse, die wegen ihres Geschmacks, ihrer Struktur oder Textur nicht genießbar sind. Und schließlich gibt es auch einige Pflanzen, die giftig sind. Neben wenigen tödlich giftigen gibt es viele, deren Verzehr weniger schlimme Folgen hat, aber dennoch zu vermeiden ist. Deshalb sollte man sich immer vergewissern, dass keine Verwechslung passiert. Zur Kenntnis der essbaren Pflanzen gehört daher ebenso die Kenntnis der Giftpflanzen. In vielen Pflanzenbüchern (siehe Bibliografie im Anhang) finden sich dazu aufschlussreiche Ausführungen.
Mittlerweise ist allgemein bekannt, dass alles sein Maß hat. Dies gilt auch für den Verzehr von wilden Pflanzen. Wer sich jedoch abwechslungsreich ernährt, wenn möglich mit Bio- und Vollwertkost, die ab und zu mit den kostbaren Wildpflanzen ergänzt wird, kann sicher nichts falsch machen.
Ein paar Pflanzen sind in den letzten Jahren in Verruf geraten; ich genieße weiterhin wenige Male im Jahr solche Delikatessen, ohne mir allzu viele Sorgen zu machen. In diesem Zusammenhang sei auf die für mich sehr zutreffenden Ausführungen von Jürgen Guthmann im Buch »Essbare Wildpflanzen« von S. G. Fleischhauer, J. Guthmann und R. Spiegelberger verwiesen; der Text ist mit freundlicher Genehmigung auf Seite 313 wiedergegeben.

Fuchsbandwurm

Oft werde ich in meinen Kursen gefragt, ob ich keine Angst vor dem Fuchsbandwurm habe. Seitdem ich weiß, dass wir als Wildsammler nicht zu den Risikogruppen gehören (im Gegensatz zu den Bauern, die auf ihren Traktoren den aufgewirbelten Erdstaub einatmen und sich so über die Lunge infizieren können), mache ich mir diesbezüglich kaum mehr Sorgen. Das Leben birgt immer gewisse Gefahren, und in jedem Moment kann uns etwas zustoßen; so lebe ich lieber ohne die Angst vor dem Bandwurm, genieße die Natur und ihre kraftspendenden Erzeugnisse und hoffe durch diese viel Abwehrkraft für einen Ernstfall zu entwickeln. Wir müssen uns im Klaren

An den Schnittstellen zwischen Wiese und Wald kann es passieren, dass die tödlich giftige Herbstzeitlose *(Colchicum autumnale,* siehe roter Rahmen) inmitten des essbaren Bärlauchs wächst. In solchen Fällen reicht es, mehrere Meter in den Wald hineinzugehen, um dort zu sammeln, wo ausschließlich Bärlauch wächst (siehe Seite 301).

sein, dass Füchse schon lange vor keinem Acker und keiner Gärtnerei mehr Halt machen, und wenn von ihnen wirklich eine so große Gefahr ausginge, hätten wir schon längst eine Epidemie. Lassen wir uns also unsere Wildsalate und Erdbeeren nicht durch unnötige Panikmache verderben!

Waschen und Aufbewahren

Hierzu gibt es die unterschiedlichsten Theorien, die von gar nicht waschen bis zum Einlegen in Essig- oder Salzlösungen reichen. Ich wasche prinzipiell alle Blätter und Stängel, die bodennah gewachsen sind; junges Pflückgut von Bäumen oder junge, frische Blüten wasche ich nicht, weil es nicht nötig ist; zudem würden sie dadurch zusammenkleben und die Blüten ihren schmackhaften Blütenstaub und -nektar verlieren.

Am besten sucht man das Sammelgut zuerst nochmals nach trockenen Gräsern, gelben oder verdorbenen Blättern und anderen Fremdkörpern oder nicht willkommenen Pflanzen ab und entfernt diese. Größere Blattrosetten werden mit einem Schnitt am Ansatz geteilt. Erst dann gebe ich das Pflanzengut in mit Wasser gefüllte Schüsseln, schwenke es einige Male hin und her und nehme es dann wieder mit den Händen heraus oder schöpfe es ab (also nicht die Schüssel mit dem Inhalt ausleeren, da sonst Rückstände wie Sand oder Erde vom Boden der Schüssel wieder auf dem Kraut verteilt würden); das schmutzige Wasser wird weggeschüttet. Diesen Vorgang wiederhole ich mehrmals, bis weder Erde noch Sand auf dem Schüsselboden zurückbleiben. Geschnitten wird das Pflanzengut immer erst nach dem Waschen.

Das leicht abgetropfte Sammelgut kann nun weiter verwertet oder in sauberen Plastikbeuteln im Kühlschrank gelagert werden. Es ist erstaunlich, wie lange die Pflanzen sich auf diese Weise frisch halten; sie sind so vital, dass sie sogar noch in der Kühle weiterwachsen! Je nach Pflanzensorte kann man das Sammelgut eine Woche oder länger aufbewahren.

Nach dem Schwenken im Wasser hebt man das Sammelgut in die nächste Schüssel mit Wasser, bis keine Rückstände mehr vorhanden sind.

Verarbeiten und Kochen

Pflanzen, die man *roh verwendet,* schneidet man erst kurz vor dem Gebrauch; dafür braucht es ein scharfes, gut geschliffenes Messer, damit sie so wenig wie möglich oxidieren und die schöne Farbe erhalten bleibt. Manche aromatischen Kräuter müssen ganz fein geschnitten werden. Auch hier rate ich, immer nur gut geschliffene Messer zu verwenden; Mixer, Hacker und Wiegemesser zermalmen die Kräuter, anstatt sie zu schneiden. Eine Ausnahme ist die Herstellung von Kräuterpesto, bei der gezielt ein Mörser oder Cutter eingesetzt wird.

Je zäher oder bitterer ein Kraut ist, desto feiner muss es geschnitten werden, damit es für unseren Gaumen ein Genuss ist. Weitere Tricks zu bitteren oder behaarten Salatpflanzen finden Sie bei den Rezepten Seite 140 und 276.

Für zarte Pflanzenteile, die man *gekocht verwenden* will, lohnt sich meistens die schonendste Technik, das Dampfgaren. Dafür verwende ich gerne die einfache Variante des fächerförmigen Dampfeinsatzes, der sich jeder Topfgröße anpasst. Man bringt in einem Topf etwas Wasser zum Kochen, setzt den Dampfeinsatz mit dem Kochgut hinein, legt den Deckel auf und lässt das Kraut in wenigen Minuten garen. Nach dem Garen hebt man den Dampfeinsatz einfach am Henkel heraus und kann so das Kraut an der Luft schnell abkühlen lassen; dadurch bleibt auch seine schöne Farbe erhalten.

Prinzipiell *blanchiere* ich die wilden Pflanzen so wenig wie möglich, aus den gleichen Gründen, aus denen ich auch herkömmliches Gemüse fast nie blanchiere. Es ist mir nämlich oft zu schade um die feinen Geschmacksnoten, die mit dem Kochwasser weggeschüttet werden, und natürlich auch um die Vitamine und Mineralsalze. Wenn immer möglich verzichte ich daher ganz auf das Vorkochen. Viele Pflanzen lassen sich einfach roh, eventuell grob gehackt, zu Suppen, Risotti oder Bratgemüse geben. So geht am wenigsten an Inhaltsstoffen verloren, und der Geschmack gewinnt an Intensität.

Es gibt jedoch Wildpflanzen, bei denen bestimmte Merkmale für das Blanchieren sprechen: Je bitterer ein Kraut ist, desto eher wird es durch das Blanchieren in reichlich kochendem Salzwasser genießbar; auch

Gemeinsam macht das etwas Geduld erfordernde Zerpflücken und Säubern des Sammelguts Spaß.

Wenn man ein scharfes Messer benützt, bleiben die gehackten Kräuter schön grün.

haarige, borstige oder in trockener Jahreszeit gepflückte Kräuter gewinnen durch ein Bad im kochenden Salzwasser.
Grundsätzlich koche ich meistens vollwertig, das heißt wo immer möglich ohne raffinierte Zutaten oder wenn doch, dann mit solchen, die ebenfalls aus biologischer Produktion stammen. Natürlich bin ich auch von den feinen regionalen Produkten begeistert. Zu weniger bekannten Zutaten und einigen Besonderheiten meiner Küchenpraxis gibt das Glossar im Anhang Aufschluss.

Genießen

Vor allem im Frühjahr habe ich oft große Lust auf viel »Grünzeug«. Zugegeben, der Körper braucht manchmal etwas Zeit, um sich auf eine so starke Veränderung in der Nahrungszufuhr einzustellen. Nach der ersten großen Wildsalatmahlzeit kann es schon im Darm brodeln, aber er gewöhnt sich in der Regel schnell daran.

Meine Frühlingsgerichte bestehen fast ausschließlich aus Wildpflanzen, damit man ihren Geschmack kennen und genießen lernt. Man kann aber den Wildpflanzen sehr gut einen Teil herkömmliches Kultur- oder Gartengemüse beimischen, einen Schnittsalat mit einer Handvoll wilder Sprosse aufgrünen oder einfach mit kleinen Mengen beginnen.
Da das Sammeln und Verarbeiten wilder Pflanzen einen beträchtlichen Zeitaufwand erfordert, empfinde ich es jedes Mal als ein großes Privileg, eine solche Speise vor mir zu haben. Hinzu kommt, dass der Nährwert im Durchschnitt um ein Mehrfaches höher liegt als bei den kultivierten Pflanzen; damit weiß man, dass ein kleiner Teller davon bereits bei weitem ausreicht, uns für eine Weile satt und glücklich zu machen.

Wildpflanzenküche ist etwas für Gourmets: Man glaubt es erst, wenn man es selbst probiert hat!

Pflanzenporträts und Rezepte

Fichte und Lärche

Picea abies und Larix decidua
Kieferngewächse

Habitat

Diese beiden sehr verbreiteten Nadelbäume sind im ganzen alpinen Raum beheimatet, wo sie oft auch gemischte Wälder bilden. Während die Lärche fast ausschließlich in höheren Lagen, bis weit hinauf zur Baumgrenze zu finden ist, trifft man die Fichte (auch Rotfichte oder Rottanne genannt) sowohl in höheren als auch in tieferen Lagen an, wo sie in Form eintöniger Wälder gerne als Holzlieferantin kultiviert wird; zum Glück ist die Mode, sie in Parks anzupflanzen, wo sie eigentlich nicht heimisch sind, etwas zurückgegangen.

Erkennungsmerkmale

Die spitzen, vierkantigen Nadeln der Fichte stehen einzeln in alle Richtungen vom Ast ab, während sie bei der weniger verbreiteten Weißtanne *(Abies alba)* flach und in zwei Reihen angeordnet sind. Die Zapfen der Fichte sind hängend und fallen als Ganzes vom Baum, während die der Weißtanne aufrecht stehen und zerfallen. Die Lärche hat feine, weiche Nadeln, in Büscheln von 20 bis 40 Nadeln, die im Herbst abfallen.

Pflücken und kochen

Diese beiden Bäume werden hier zusammen beschrieben, da ich sie in ähnlicher Weise verwende: Ich pflücke die ganz jungen, hellgrünen, noch dichten Triebspitzen. Sie schmecken sauer und herb zugleich und erinnern im Geschmack an Zitrone und Harz. Ich verwende sie gerne, um warmen und kalten Speisen eine säuerliche Note zu geben. Den bekannten Tannenschösslingshonig bereite ich hingegen nicht zu, da ich lange Kochzeiten wenn möglich vermeide; zudem braucht es dafür eine zu große Menge an Sammelgut.
Beim Ernten sollte man achtsam vorgehen, nicht in neuere Aufforstungen eindringen, nicht von Jungbäumen pflücken und nicht zu viele Sprosse von einem Ast abnehmen.

Verwechslungsgefahr

Eine Verwechslung mit der Eibe *(Taxus baccata)* ist unbedingt zu vermeiden, da dieser oft auch in Parks vorkommende Baum mit seinen kleinen roten Früchten (deren weicher Teil das einzig Essbare an ihm ist) sehr giftig ist.
Die immer seltener vorkommende Weißtanne kann man in gleicher Weise verwenden.

Die Fichtensprosse
sollten noch hellgrün sein.

Die Lärche verliert im Winter ihre Nadeln, während die Fichte eine immergrüne Pflanze ist.
Bild links: In diesem Stadium sind die Lärchennadeln zart und schmackhaft.

Süße Fichtensprossensauce

100 g Fichtenprosse
2 EL Tannen-Waldhonig
2 EL Orangen-Olivenöl
4–5 EL kaltes Wasser
8 Salzkörner
1 TL weißes Mandelpüree

Alles im Mixer pürieren, bis eine sehr feine Masse entstanden ist. Dazugeben und nochmals kurz mixen, damit es bindet. Sofort als Beigabe zu einem Dessert servieren.

Karotten mit Fichtensprossen

300 g Karotten, in Scheiben geschnitten
1 EL Olivenöl
50 ml Wasser
1 TL Gemüsebrühepulver

Alle Zutaten in einen Topf geben und zugedeckt 10 Minuten leise köcheln lassen.

1 EL Tannenwaldhonig
100 g Fichtensprosse

Unter die Karotten mischen, noch 1 Minute kochen und als Beilage servieren.

Die Fichtensprossensauce passt gut zu Erdbeeren mit Akazienblüten (Rezept Seite 154).

Grüner Frischkäse

1 schnittfester Frischkäse (z.B. Robiola)	In zwei dicke Scheiben schneiden, mit Küchenpapier trocken tupfen.
1 Prise Kräutermeersalz	Die Frischkäsescheiben beidseitig würzen.
1 Handvoll Fichtensprosse	Fein schneiden und die Scheiben damit panieren.
2 EL Olivenöl	Auf einen Teller gießen und den Käse darauflegen.
1 TL Schnittlauchblüten	
1 TL grobkörniger schwarzer Pfeffer	Darüberstreuen.

Scharbockskraut, Feigwurz

Ranunculus ficaria
Hahnenfußgewächse

Habitat

Das Scharbockskraut wächst an Wiesenrändern, in schattigen Parks, in kühlen und feuchten Wäldern und in Gebüschen. Es bildet oft ganze Kolonien, auch mit anderen Kräutern gemischt. Am besten sucht man reine Kissen von Scharbockskraut (ohne Beimischung anderer Kräuter), die man dann einfach mit der Schere ernten kann.

Erkennungsmerkmale

Das Scharbockskraut ist eine der ersten Pflanzen im Frühjahr: An geschützten Lagen kann man schon im März seine fleischigen, herzförmigen, glänzenden, langstieligen Blätter finden; nach der Blüte entwickelt die Pflanze in der Blattachsel sogenannte Brutknöllchen. Manchmal hat das Blatt einen typischen länglichen, dunklen Fleck. Die Blüte, ein leuchtend goldgelber Stern aus sechs bis zwölf spitz zulaufenden Kronblättern, zeigt sich ab April.

Pflücken und kochen

Die Vitamin-C-reichen jungen Blätter bereichern den Salat mit ihrem herben, etwas scharfen Geschmack, sie werden besser nicht allein verwendet. Man darf sie nur bis zur Blütezeit ernten, da sie später Giftstoffe entwickeln und schleimhautreizend wirken.

Verwechslungsgefahr

Das Scharbockskraut kann vor allem von der Blüte, aber auch von der Blattform her mit verschiedenen anderen Pflanzen aus derselben Familie verwechselt werden, daher sollte man sich bei seiner Bestimmung ganz sicher sein! Eine Verwechslung mit dem Veilchenblatt ist hingegen bedenkenlos.

Oben: Ein dichter Teppich von Scharbockskraut – ideal mit der Schere zu ernten.
Wenn ein größerer Teil der Pflanzen blüht (unten rechts), ist das Scharbockskraut schon nicht mehr genießbar.
Unten links: Manchmal haben die Blättchen einen dunklen Fleck.

Chicorée mit Scharbockskraut und Orange

1 Prise Kräutermeersalz
1 EL Sherryessig
3 EL geröstetes Erdnussöl oder Baumnussöl

Die Saucenzutaten in einer Salatschüssel mischen.

2 Handvoll junge Scharbockskrautblätter
2 Zapfen Chicorée (Brüsseler), in Stücke geschnitten
1 EL frisch abgeriebene Orangenschale
1 Orange, geschält und gewürfelt
1 EL geröstete Erdnüsse

Alles zur Sauce geben und gut mischen.

Klatsch-Mohn

Papaver rhoeas
Mohngewächse

Habitat

Der Klatsch-Mohn ist ein typisches »Unkraut«. Als solches findet man ihn in Getreidefeldern (wegen Unkrautvertilgern leider immer seltener), in Gärten und auf Schuttplätzen an trockenen, sonnigen Orten. Dank der vielen Samen steht diese einjährige Pflanze oft in großen Gruppen.

Erkennungsmerkmale

Die vielen behaarten, tief eingeschnittenen Blätter der Grundrosette erinnern im Frühstadium etwas an das Hirtentäschel, wirken jedoch stoppeliger und sind bei Berührung fein und zart. In guter Erde können aus dieser Rosette sehr viele buschig wirkende Blätter wachsen. Die vier knallroten Blütenblätter haben einen schönen dunklen Fleck. Die ebenfalls essbaren Blätter des Schlaf-Mohns *(Papaver somniferum)* sind größer und von festerer Konsistenz, unbehaart, nicht geteilt und haben eine bläuliche Farbe.

Pflücken und kochen

Man pflückt die jungen Blätter vor der Blüte und verwendet sie roh in Salaten; trotz der Behaarung sind sie sehr fein und zart; sie schmecken etwas nach Haselnüssen und Gurken. Auch die Blütenblätter sind eine willkommene essbare Dekoration. Die jungen, noch grünen Früchte sind eine feine Knabberei. Aus den Blättern kann man einen schmackhaften Spinat kochen, etwa mit gebratenen Schalotten und wenig Rahm. Die Samen finden in Backwaren Verwendung, sie eignen sich aber auch gut zu Pastasaucen, Tofu oder Fleisch: Dafür sollte man sie einige Minuten ohne Fettzugabe in einer Pfanne rösten; sie werden dadurch schmackhafter.
Der einzige Teil der Pflanze, der in höherer Dosis gefährlich werden kann, ist der aus den Früchten des Schlaf-Mohns gewonnene Milchsaft: Er wirkt narkotisierend, man gewinnt daraus Opium.

Verwechslungsgefahr

Mit anderen Mohn-Arten, die alle in ähnlicher Weise gegessen werden. In den Alpen sind einige Arten geschützt.

Oben links: Junges Klatsch-Mohn-Pflänzchen.
Unten links: Die haarigen Mohnblätter halten den Tau zurück.
Unten rechts: Auch die Blätter des Schlaf-Mohns können dem Salat beigemischt werden.

Mohnblättersalat mit Kichererbsensprossen

1 Prise Kräutermeersalz 1 TL Senf 1 EL Himbeeressig 1 EL geröstetes Mohn- oder Baumnussöl 1 EL mildes Sonnenblumenöl	Alles zu einer Salatsauce mischen.
50 g Kichererbsensprosse (siehe Tipp)	5 Minuten in Salzwasser kochen.
4 Handvoll junge Blätter von Mohn, Sauerampfer (Seite 107), Sternmiere (Seite 79) und Rainkohl (Seite 268)	Sprosse und Blätter mit der Salatsauce vermischen.

Tipp: Für Kichererbsensprosse weicht man Kichererbsen 8 Stunden in kaltem Wasser ein, gießt sie dann ab, spült sie und lässt sie in einem flachen Behälter mit nicht ganz geschlossenem Deckel bei Zimmertemperatur sprießen, ab und zu mit Wasser spülen und gut abtropfen lassen. Vor der Verwendung nochmals gut spülen. Auf die gleiche Art kann man auch Linsen sprießen lassen.

Wiedervereinigung von Weizen und Mohn

Für die Crêpes:

1 EL Mohnsamen

Eventuell im Backofen bei 150 Grad 5–10 Minuten rösten.

100 g frisch gemahlenes Vollkornmehl
150 ml kohlensäurehaltiges Wasser
50 ml Rahm
2 Eier
1 Prise Salz

Alle Zutaten zu einem lockeren Crêpeteig verrühren und 30 Minuten stehen lassen. In einer beschichteten eingefetteten Pfanne feine Crêpes ausbacken. Beiseite stellen.

Für die Füllung:

150 g junge Mohnblätter

Mit ganz wenig Wasser in einem Topf zugedeckt zusammenfallen lassen. Auskühlen lassen.

200 g Ziegen- oder Kuhmilch-Ricotta (frischer Ziger)
1 Prise Kräutermeersalz
wenig Muskatnuss, schwarzer Pfeffer

Alle Zutaten zur Füllung gut mischen, die Masse auf die Crêpes verteilen und einrollen. Mit wenig Olivenöl bestreichen und zugedeckt im Backofen bei 190 Grad 20 Minuten garen.

Hopfen

Humulus lupulus
Hanfgewächse

Habitat
Den Hopfen findet man als typische Kletterpflanze in Hecken, Auenwäldern, an Waldrändern oder verwilderten Orten, dort wo er sich an Bäumen oder Drähten emporwinden kann. Im Winter erkennt man ihn an den abgestorbenen, spröden Stängeln.
Die vielen Namen für diese Pflanze im Tessin und in Italien zeugen von der großen dortigen Verbreitung und Bekanntheit. Hopfensprosse wurden früher auch von Hopfenplantagen geerntet, da man für die Gewinnung der Hopfendolden zur Aromatisierung von Bier nur wenige Triebe auswachsen ließ. Wegen der verbreiteten Verwendung von Spritzmitteln wurde dies aufgegeben. In Deutschland kennt man die ganz jungen, weißen, da unter der Erde gepflückten sogenannten Hopfenspargel als teure Rarität mit einer sehr kurzen Saison.

Erkennungsmerkmale
Die Blätter erinnern an Weinrebenblätter, der Stängel ist sehr rau: Die vielen Widerhaken, die ihn bedecken, können einen beim Pflücken ganz schön kratzen. Da man an denselben Standorten auch verschiedene andere Schlingpflanzen findet, zieht man zur Bestimmung am besten einen abgebrochenen Stängel langsam über den Handrücken: Wenn er an der Haut fast hängen bleibt, ist es Hopfen, denn keine andere Schlingpflanze hat diese Eigenschaft.

Pflücken und kochen
Man pflückt die jungen, zarten Triebe ab März oder April bis zur Blüte oder solange man sie noch erreicht – Hopfen kann bis 6 Meter hoch werden. Der essbare Teil der Pflanze sind die obersten, je nach Dicke und Alter 10 bis 25 Zentimeter langen Sprosse. So pflückt man sie am einfachsten: mit den Fingern dem Stängel entlang hinauffahren, dabei etwas Druck geben und den Stängel leicht biegen; so bricht er genau am richtigen Punkt ab, nämlich dort, wo er noch genügend zart ist.
Im Dampf (oder bei nicht mehr ganz zarten Sprossen in Salzwasser) 2 bis 4 Minuten gekocht, kann man sie für allerlei warme oder kalte Speisen verwenden. Ihr feiner, etwas harziger Geschmack macht Hopfensprossen zu einer Delikatesse.

Verwechslungsgefahr
Mit verschiedenen Schlingpflanzen, wie Waldrebe oder Niele *(Clematis vitalba),* oder mit Schmerwurz *(Tamus communis),* dessen ganz junge Sprosse ebenfalls als essbar gelten; auch mit Jungfern- oder Zaunrebe (*Parthenocissus* spp.) sowie Winde (*Calistegia* spp.). Alle diese Pflanzen haben aber einen weniger rauen Stängel als der Hopfen.

Der mehrjährige Hopfen windet sich an den letztjährigen Trieben empor oder hält sich an den Nachbartrieben: perfekt zu pflücken!
Die Spitzen sind relativ schnell für den Menschen nicht mehr erreichbar – gut für die Pflanze.

Hopfen mit mariniertem Tofu

Für den marinierten Tofu: 100 ml Tamari 1 TL Rosmarinpulver 1 TL Paprika wenig Nelkenpulver 1 TL gemahlener schwarzer Pfeffer 1 EL getrockneter Majoran	Alle Zutaten für die Marinade mischen.
600 g frischer oder pasteurisierter Tofu	In Scheiben schneiden und in die Marinade legen; mit Wasser auffüllen, bis der Tofu bedeckt ist. Im Kühlschrank mindestens 3 Tage ruhen lassen. Die benötigte Menge Tofuscheiben aus der Marinade nehmen und trocken tupfen.
1 EL Olivenöl	In eine warme Bratpfanne geben und den Tofu beidseitig braten; beiseite stellen.
1 TL Kräutermeersalz 1 EL Weißweinessig ¼ Knoblauchzehe, gepresst 3 EL Olivenöl	Alles zu einer Sauce rühren.
2 Handvoll Hopfensprosse	In wenig Salzwasser 4 Minuten garen. Noch lauwarm mit der Sauce vermischen und schichtweise mit dem Tofu auf Tellern anrichten.
1 Handvoll frische Saubohnen (Fave), geschält 1 Handvoll Glizinienknospen 1 EL Bärlauchknospen	Saubohnen und Blütenknospen 1 Minute in wenig Salzwasser kochen und abgießen.
etwas Kräutermeersalz 1 TL Zitronensaft 1 EL Haselnussöl	Mischen und mit den Fave und Blütenknospen vermengen. Auf den Tellern verteilen.

Tipp: Den marinierten Tofu mindestens drei Tage im Voraus zubereiten. Er ist mehr als 1 Woche haltbar.

Gratinierter Hopfen

3 Handvoll Hopfensprosse	In wenig Salzwasser 4 Minuten kochen und abschütten.
1 EL Olivenöl	Mit den heißen Sprossen mischen und diese in 4 kleinen Haufen auf ein Backblech geben.
4 Scheiben Schafweichkäse	Darauflegen und unter dem heißen Backofengrill wenige Minuten gratinieren. Als Beilage servieren. (Bild Seite 179)

Grün-weiße Spaghetti

100 g Schalotten, gehackt 100 g Selleriestangen, gehackt 2 EL Olivenöl	Das Gemüse im Olivenöl lang und langsam anbraten.
½ Peperoncino, fein gehackt 1 Knoblauchzehe, gepresst 1 TL Kräutermeersalz	Dazugeben und noch ½ Minute mitbraten.
100 ml Weißwein	Ablöschen und kurz einkochen lassen.
400 g Spaghetti	In Salzwasser bissfest kochen.
3 Handvoll Hopfensprosse	In den letzten 5 Minuten der Kochzeit zu den Spaghetti geben und fertig kochen. Abgießen und mit der Sauce vermengen.
3 EL Olivenöl schwarzer Pfeffer aus der Mühle	Abschmecken.

Brennnessel

Urtica dioica
Brennnesselgewächse

Habitat

Die Brennnessel ist eine mehrjährige Pflanze, die gerne an nährstoffreichen Orten wächst; sie gedeiht sehr üppig um Ställe oder auf Brachland, wo Pflanzenabfälle oder Kompost deponiert wurden. Hier bildet sie umfangreiche Teppiche, die andere Kräuter ersticken. Man findet sie auch als »Unkraut« im Garten, am Feld- und Waldrand, kurz, überall wo der Mensch war.

Erkennungsmerkmale

Zweifellos kennt jedermann die Brennnessel – hat man sich als Kind einmal daran »gebrannt«, erkennt man sie bald schon von weitem. Es ist in unseren Breitengraden das einzige Kraut mit einer solchen Wirkung. Diese entsteht, wenn die Brennhaare bei Berührung abbrechen und eine Flüssigkeit austritt. Dies ist auch das einfachste Erkennungsmerkmal. Keine Angst davor – man peitschte sich traditionell bei Rheumaschmerzen sogar selbst mit Brennnesseln aus; der Hautkontakt mit der Pflanze regt die Blutzirkulation an, und früher oder später vergeht der Schmerz.

Pflücken und kochen

Man pflückt die jungen Triebe der Pflanze, das heißt die oberen Spitzen mit 2 bis 4 Paar Blättern. Da die Pflanze Seitentriebe bildet und nach jedem Schnitt wieder neu austreibt, kann man fast das ganze Jahr davon pflücken. Man verwendet sie vor allem gekocht als vorzüglichen Spinat (so stechen die Blätter auch nicht mehr). Für den rohen Genuss müssen die Blätter sehr fein geschnitten oder mit einem Nudelholz gut gewalzt werden; Mutige können es mit sehr viel Sauce probieren. Die Blüten sind ebenfalls roh oder gekocht essbar, ebenso die Samen, die man rösten kann. Der Geschmack ist dem Spinat ähnlich, jedoch aromatischer. Brennnesselblätter sind sehr reich an Eiweiß (2–9 Prozent in der frischen Pflanze, 40 Prozent in der Trockensubstanz, doppelt so viel wie Soja).

Verwechslungsgefahr

Die Brennnessel kann mit mehreren ebenfalls essbaren Taubnessel-Arten (siehe dort) verwechselt werden, die jedoch nicht brennen. Die kleinere, seltenere *Urtica urens* kann auf gleiche Art verwendet werden.

Die oberen drei bis vier Blätterpaare kann man immer pflücken.

Unten: Die jungen Brennnesseln stoßen durch die vertrockneten Pflanzen des letzten Jahres hindurch.
Oben rechts und rechte Seite: Auch die Blütenrispen, selbst schon verblühte, sind in wenig Öl geröstet eine leckere Knabberei.

Brennnesselbutter

150 g weiche Butter
Mit einer Gabel einige Minuten schlagen.

1 TL feiner Senf
1 TL Kräutermeersalz
2 Handvoll Brennnesselblätter
Dazugeben und gut vermischen.
Die gut abgetrockneten Blätter mit einem scharfen Messer sehr fein schneiden, mit der Butter vermengen und sofort auf Brot oder Crackern servieren.

Tipp: Die Brennnesselbutter nicht zu lange im Voraus zubereiten, da sie sonst einen unangenehmen Geschmack annimmt.

Brennnessel-Linden-Salat

In einer Schüssel junge Brennnesselblüten, junge Lindenblätter und Akazienblüten mischen. Mit einer Sauce aus Salz und Pfeffer, Weißweinessig, Baumnuss- und Olivenöl mischen.

Oben: Brennnesselbutter.
Rechte Seite: Brennnessel-Linden-Salat.

Pfannkuchen mit Brennnesseln und Räuchertofu

150 g frisch gemahlenes Einkorn (oder Dinkelmehl)	
300 ml Wasser	
3 Eier	
1 TL Kräutermeersalz	
2 EL geschmolzene Butter	Alles zu einem Crêpeteig vermischen und etwa 30 Minuten ruhen lassen.
Butter zum Ausbacken	In einer mit Butter eingefetteten Bratpfanne kleine, dünne Pfannkuchen backen.
Für die Füllung:	
20 g Bratbutter	In eine heiße Pfanne geben.
1 Schalotte, gehackt	
150 g Räuchertofu, gewürfelt	Wenige Minuten darin anbraten.
1 EL Mehl	Dazugeben und kurz rösten, dann vom Feuer nehmen.
100 ml Weißwein	
200 ml Gemüsebrühe	Dazugeben und mit dem Schneebesen gut mischen. Wieder auf den Herd stellen und weitere 10 Minuten kochen, dabei gelegentlich umrühren.
500 g Brennnesselblätter	
200 g Bärlauchblätter	Eventuell die Blätter grob schneiden, zur Sauce geben und weitere 5 Minuten kochen.
200 ml Rahm	
1 EL Sherry	Dazugeben und nochmals aufkochen.
wenig Muskatnuss und schwarzer Pfeffer	Würzen. Auf jeden Teller ein bis zwei Pfannkuchen legen, die Gemüsesauce jeweils auf die eine Hälfte verteilen und die Pfannkuchen zuklappen.

Brennnessel-Apfel-Törtchen

Für 4–6 kleine flache Förmchen

Für den Teig:	
80 g frisch gemahlener Dinkel	
40 g Dinkelruchmehl	
60 g Butter	
2 EL Palm- oder Vollrohrzucker	
1 Prise Meersalz	Alles schnell mit den Fingern zu einer krümeligen Masse verarbeiten.
1 EL Vollmilchquark	Dazugeben und kurz zu einer Kugel zusammenkneten.
Butter und Mehl für die Förmchen	Die Backformen ausbuttern und mit Mehl bestäuben. Mit dem Teig auskleiden.

Für den Belag:

50 g gemahlene Mandeln	Auf die Teigböden streuen und beiseite stellen.
200 g Brennnesselspitzen	In einem Topf mit ganz wenig Wasser 6 Minuten zusammenfallen lassen. Auskühlen lassen und fein hacken.
3 Eier 300 ml Rahm 5 EL Birnendicksaft 1 Messerspitze Vanillepulver	Die Zutaten zu einem Guss mischen.
1 Apfel, gewürfelt	Mit den Brennnesseln zum Guss geben. Die Masse in die Formen füllen und im Ofen bei 180 Grad (wenn möglich nur mit Unterhitze) 30–40 Minuten backen.

Glaskraut

Parietaria officinalis
Brennnesselgewächse

Habitat

Das Glaskraut ist eine mehrjährige, relativ unscheinbare Pflanze; sie liebt schattige Orte, Ruinen, Hecken und feuchte Wälder. Man findet sie oft in größeren Gruppen, manchmal in Gesellschaft der mit ihr verwandten Brennnessel. Die ähnliche *Parietaria judaica* hingegen findet man gerne auch an sonnigen Orten, etwa an Trockenmauern.

Erkennungsmerkmale

Das Glaskraut hat einen oft rötlichen, brüchigen, aufrechten bzw. bei *Parietaria judaica* liegenden Stängel; die schönen, regelmäßig spitzen Blätter sind glänzend, fühlen sich weich und durch die vielen feinen Härchen »klebrig« an. Als Kinder haben wir uns mit den dank den Härchen festhaftenden Blättern die Kleider dekoriert. Die Blütenpollen der sehr kleinen Blüten können Allergien erzeugen.

Pflücken und kochen

Man pflückt die jungen Triebe der Pflanze, das heißt die zarteren, obersten Blätter mit etwa 10 bis 15 Zentimeter Stängel. Dank immer neu gebildeten Trieben kann mehrmals gepflückt werden. Man isst das Glaskraut meist gekocht als vorzüglichen Spinat. Der nussige, feine Geschmack und die intensive grüne Farbe regen zu vielfältiger Verwendung an: Cremen, Saucen, Getreide- oder Ricotta-Frikadellen, Terrinen, Füllungen für Crêpes usw.

Verwechslungsgefahr

Bei Berücksichtigung der obigen Merkmale besteht keine Verwechslungsgefahr. Die ähnliche Art *Parietaria judaica* ist ebenfalls essbar.

Linke Seite:
Oben: Die *Parietaria judaica* wächst gerne aus Mauerritzen.
Unten links: Die weichen Blätter der *Parietaria officinalis* glänzen im Licht.
Unten rechts: Brennnessel und Glaskraut wachsen oft beisammen; man erkennt Letzteres an den kleinen, kugeligen Blütenständen.

Glaskrautterrine

Für eine Terrinen- oder Cakeform von 30 cm Länge

100 ml Weißwein 100 ml Wasser 1 EL Gemüsebrühepulver 1 TL Agar-Agar-Pulver 200 ml Vollrahm	Alle Zutaten in einem Topf und unter ständigem Rühren zum Kochen bringen und 4 Minuten leise köcheln lassen.
180 g Glaskrautspitzen	In einem zweiten Topf mit ganz wenig Wasser zugedeckt 4–5 Minuten zusammenfallen lassen. Zur Rahmmischung geben und mit dem Stabmixer pürieren. Die Terrinen- oder Cakeform mit Klarsichtfolie auslegen, die Masse einfüllen und im Kühlschrank vollständig stocken lassen; die Terrine dabei für einige Stunden nicht bewegen. Sorgfältig aus der Form heben, in Scheiben schneiden und zu einem Salat servieren.

Tipp: Es lohnt sich, eine Probe zu machen, bevor man die ganze Masse in die Form abfüllt: Dafür einen Esslöffel der pürierten Flüssigkeit in den Kühlschrank stellen; nach 5–10 Minuten sollte sie gestockt sein. Ist dies nicht der Fall, muss etwas mehr Agar-Agar dazugegeben und die Masse nochmals 4 Minuten gekocht werden.

Ein feiner Lindensalat mit Veilchen begleitet die Terrine.

Glaskraut-Frikadellen

2 Eier	In einer Schüssel verquirlen.
300 g Ziegen-Ricotta (Molkenfrischkäse)	Zerbröckeln und dazugeben.
4 EL gemahlenes trockenes Brot	
4 EL geriebener Käse	
abgeriebene Schale von ½ Zitrone	
Salz, Pfeffer und Muskatnuss	Alle Zutaten dazugeben und gut vermischen.
5 Handvoll Glaskrautspitzen	Mit ganz wenig Wasser in einen Topf geben und zugedeckt einige Minuten zusammenfallen lassen. Auskühlen lassen, hacken, zur Ricotta-Masse geben und gut vermischen.
Öl oder Butter zum Braten	Kleine flache Frikadellen formen und in wenig Öl oder Butter beidseitig braten.

Tipp: Man kann die Frikadellen warm oder kalt als Snack, Picknick oder Hauptgang genießen.

Varianten: Die Terrine und die Frikadellen lassen sich auch mit anderen Wildpflanzen zubereiten; es eignen sich zum Beispiel Brennnessel (Seite 47), Weiße Melde (Seite 73), Guter Heinrich (Seite 69), Amarant (Seite 91), Sternmiere (Seite 79), Leimkraut (Seite 85), Giersch (Seite 173) oder Bärlauch (Seite 301).

Gemüse-Portulak

Portulaca oleracea
Portulakgewächse

Habitat

Gemüse-Portulak ist ein typisches »Sommerunkraut«, das erst ab Juni erscheint und Gärten, Rebberge und Wegränder regelrecht mit einem dichten Teppich überzieht. Er überlebt auch in trockenen Lagen.

Erkennungsmerkmale

Die kleinen, länglichen, glänzenden und zarten Blätter und die oft rötlichen, langen Stiele haben eine fleischige, beim Brechen etwas gallertartige Konsistenz; ähnlich wie bei den Sukkulenten ist der Saft schleimig. Portulak breitet sich gerne bodennah aus und kann einen schützenden grünen Teppich bilden. Wenn er mit seinesgleichen oder mit anderen Pflanzen in Konkurrenz steht, kann er auch in die Höhe sprießen. Die kleinen, gelben, in den Astgabelungen sitzenden Blüten öffnen sich nur bei Sonne – überhaupt liebt diese Pflanze die warme Jahreszeit.

Pflücken und kochen

Man pflückt die junge Pflanze bis zur Blüte; danach sind die Samen zu hart und störend. Portulak hat einen eher neutralen, leicht säuerlichen, salzigen, erfrischenden Geschmack, und eine knackige und zugleich saftige Konsistenz. Die Blättchen und die jungen Stängel werden roh als Salat oder gekocht als Spinat gegessen; mit Knoblauch gebraten, ergeben sie eine feine Sauce; in Essig konserviert sind sie eine würzige Beilage.

Verwechslungsgefahr

Bei Berücksichtigung der obigen Merkmale besteht keine Verwechslungsgefahr.

Rechte Seite:
Oben links: Ganz junger Portulak. Wird er in dieser Größe gepflückt, hat man schon den Salat fürs Mittagessen.
Die roten Stiele des Portulaks (oben rechts) wachsen schnell in die Höhe und im Sommer ist er oft bodendeckend (unten).

Risotto mit Portulak

1 Zwiebel, gehackt 1 Karotte, fein geschnitten 1 Selleriestange, fein geschnitten 1 EL Olivenöl	Das Gemüse im heißen Öl lang und langsam anbraten, bis es karamellisiert.
600 ml kaltes Wasser 300 g Vollkornreis 1 Messerspitze Nelkenpfeffer 2 Lorbeerblätter	Alles zum Gemüse geben und auf kleinem Feuer kochen, bis die Reiskörner aufgeschlossen sind (je nach Reissorte 30–50 Minuten); eventuell noch heißes Wasser nachgießen.
1–2 Zucchini, in feine Scheiben geschnitten 1 EL Olivenöl	Inzwischen in einer heißen Bratpfanne die Zucchini im Öl 2–3 Minuten scharf anbraten; beiseite stellen.
1 EL Gemüsebrühepulver 100 ml Weißwein 1 TL Majoran	Zum Reis geben und nochmals 3 Minuten kochen, dabei öfter umrühren.
4 Handvoll Portulak 2 EL Sherry wenig Tamari	Mit den gebratenen Zucchini zum Risotto geben, noch einmal aufkochen.
1–2 Tomaten, sehr klein gewürfelt	Zuletzt darunterrühren und sofort servieren.

Sommersalat mit Portulak

1 Prise Kräutermeersalz
1 EL grober Senf
½ Knoblauchzehe, gepresst
1 EL Rotweinessig
2 EL Olivenöl
1 EL Zitronen-Olivenöl

In einer Salatschüssel alle Zutaten zu einer Sauce mischen.

3 Handvoll Portulaktriebe und -blätter
1 gelbe oder grüne Zucchini, geraspelt
½ rote Peperoni (Paprika), in ganz feine Streifen geschnitten
1 Handvoll Rucola

Alle Zutaten zur Sauce geben und sofort servieren.

Amerikanische Kermesbeere

Phytolacca americana
Kermesbeerengewächse

Sammelgut. Nur diese jungen Triebe werden gegessen.

Habitat

Die Kermesbeere wächst auf Schuttplätzen, an steilen Hängen entlang Bahnen und Straßen, auf Abfallhalden und an Orten, wo Pflanzenabfälle oder Kompost deponiert wurden. Sie wird oft als dekorative Pflanze in Gärten gepflanzt. Da sie sich in wärmeren Lagen schnell verbreitet, steht sie als Neophyt und invasive Art auf der Schwarzen Liste.

Erkennungsmerkmale

Die Kermesbeere ist eine mehrjährige, schnell wachsende 1 bis 3 Meter hohe Pflanze mit großen, glänzenden, länglichen, wechselständigen Blättern. Ihre rötlichen, kahlen Stängel verzweigen sich auf einer gewissen Höhe in drei Teile, manchmal auch mehrmals; im Winter erkennt man von weitem die weiß gebleichten Stängel des Vorjahres, die rund um die Basis auseinanderfallen. Dies ist ein wichtiges Merkmal, um sich den Standort der Pflanze zu merken, da die jungen Triebe erst erscheinen, wenn Brennnesseln und Brombeeren das Ganze überwuchern. Die dekorative Pflanze zeigt die Farben Violett und Grün in all ihren Abstufungen; die Blüten sind weiß. Die violetten Beeren wurden früher zum Färben des Weins gebraucht; sie gelten jedoch als giftig, vor allem ihre Samen.

Pflücken und kochen

Man pflückt die Pflanze im späteren Frühjahr, wenn bereits anderes »Unkraut« die Landschaft bedeckt; deshalb ist es wichtig, die Standorte der Pflanze auch über den Winter zu beobachten. Man bricht die jungen, dicken, 20 bis 30 Zentimeter hohen Schösslinge ab, befreit sie von den Blättern und schält sie. Am besten schneidet man unten zur Sicherheit noch 1 bis 2 Zentimeter weg, da die dicke, rötliche Wurzel giftig ist, wie im Übrigen alle ausgewachsenen Teile der Pflanze. Die Stängel werden in Salzwasser kurz gekocht. Da die Pflanze sehr schnell wächst, ergibt sie zwar nur während kurzer Zeit eine sehr ergiebige Ernte; rasch sind genug »Spargeln« gesammelt, um ein delikates Gericht zuzubereiten.

Verwechslungsgefahr

Die Pflanze wächst manchmal an ähnlichen Orten wie die ebenfalls essbare *Reynoutria japonica* (Seite 101), diese erkennt man aber an den die Stängel unterteilenden Knoten. Nicht verwechseln darf man die Kermesbeere hingegen mit der tödlich giftigen *Atropa belladonna*, der Schwarzen Tollkirsche, die jedoch behaart ist und weniger üppig wächst.

Oben links: Im Winter erkennt man die vertrockneten, gebleichten Stängel der Kermesbeere von weitem.
Oben Mitte: Auf dem gleichen Stängel findet man Blüten und schon ausgereifte Früchte; in diesem Stadium ist die Pflanze giftig.
Oben rechts: Die jungen, völlig kahlen Triebe wachsen schnell.
Unten: Dank der zerfallenen Stängel des Vorjahres findet man die Sprosse im grünen Dickicht.

Kermesbeerenspargel mit mariniertem Tofu

4 EL Mayonnaise
2 EL Zitronen-Olivenöl
1 EL Zitronensaft
wenig Kräutermeersalz — Zu einer Sauce mischen und in Portionenschälchen gießen.

4 blaue Kartoffeln — Im Dampf garen und schälen.

4 Scheiben marinierter Tofu (siehe Seite 45)
1 EL Olivenöl — In eine heiße Bratpfanne geben und den Tofu beidseitig goldbraun braten.

3–4 Handvoll Kermesbeerensprosse, geschält
2 l Salzwasser — Zum Kochen bringen und die Sprosse 3–4 Minuten darin kochen, abgießen und mit der Sauce, den halbierten Kartoffeln und dem gebratenen Tofu servieren.

Tipp: Kann als Vorspeise oder Hauptgang serviert werden.

Gebratenes Frühlingsgemüse

10 Kermesbeerensprosse,
in 2 cm dicke Scheiben geschnitten
10 junge Bärenklaublätter (Seite 181),
zerkleinert
1 Handvoll Hopfensprosse (Seite 42),
zerkleinert
1 Handvoll frische Erbsen

Erbsen und Wildgemüse in wenig Salzwasser 2 Minuten kochen, abgießen und beiseite stellen.

1 rote Zwiebel, grob zerkleinert
½ rote Pfefferschote,
in feine Ringe geschnitten
50 g Kräuterseitlinge oder andere Zuchtpilze
100 g fester Kürbis, in Scheiben geschnitten
1 EL Olivenöl

In einer weiten Pfanne das Öl erhitzen, Gemüse und Pilze darin auf starkem Feuer wenige Minuten anbraten, dann zugedeckt auf kleinem Feuer weitere 5–7 Minuten unter öfterem Rühren dünsten. Das gekochte Wildgemüse und die Erbsen dazugeben und nochmals 3 Minuten braten.

1 EL Gemüsebrühepulver

Darüberstreuen und umrühren.

50 ml Weißwein

Sofort ablöschen, auf starkem Feuer kurz einkochen und sofort servieren. Nach Belieben mit Blüten (hier Mohn) dekorieren.

Familie der Gänsefußgewächse

Die Familie der Gänsefußgewächse zählt bei uns fast mehr Kulturpflanzen als Wildpflanzen; manche wildwachsende Arten sind nur noch in wenigen Beständen zu finden. Dies gilt jedoch nicht für die beiden hier vorgestellten Pflanzen: Die Weiße Melde gilt sogar als verschmähtes Unkraut, und die sehr ähnliche *Atriplex patula* gibt es auch als Kulturform.

Zu den kultivierten Arten der Familie zählen manche für die jeweilige Kultur sehr wichtige Pflanzen, etwa die Zuckerrübe als wichtigster Zuckerlieferant oder Quinoa, das proteinreiche Inkakorn. Bei uns weniger bekannt ist Barba di frate *(Salsola soda)*, ein Frühlingsgemüse, das man vor allem in Italien und Spanien schätzt. Übrigens sind verschiedene *Salsola*-Arten im jungen Stadium essbar.

2

3

4

5

6

7

1

1 Zur Familie der Gänsefußgewächse gehören auch Spinat, Krautstiel oder Stielmangold (hier farbige Variante), Mangold oder Blattmangold, Randen (Rote Bete) und Quinoa (hier in zwei Varianten).

2 Rote Gartenmelde.

3 Die Weiße Melde verbreitet sich im Garten fast besser als die rote Gartenmelde.

4 Spinat.

5 Rote und grüne Gartenmelde.

6 Farbige Krautstiele.

7 Barba di frate, Mönchsbart, ein in Italien bekanntes Gemüse. Die feinen grünen Blätter schmecken wie Spinat.

Guter Heinrich, Wilder Spinat

Chenopodium bonus-henricus
Gänsefußgewächse

Habitat

Der Gute Heinrich wächst in alpinen Lagen bis auf 2200 Meter Höhe auf nährstoffreichem Boden, um Ställe und Hütten; oft in Gesellschaft von Brennnessel und Alpen-Ampfer *(Rumex alpinus)*.

Erkennungsmerkmale

Es ist eine sehr kraftvolle Pflanze, die nach jeder Ernte neue Triebe hervorbringt.
Die unteren Enden der dreieckigen Blätter sind zugespitzt und schauen nach unten. Das wichtigste Merkmal jedoch ist der Mehlstaub, der vorwiegend an der Blattunterseite haftet; reibt man nach deren Berührung die Finger aneinander, fühlt es sich an wie kleine Kügelchen oder wie Mehl.

Pflücken und kochen

Man pflückt die Blätter, die schon sehr früh im Frühjahr erscheinen, und die ganzen Triebe mit den jungen Blüten – sie sind eine Delikatesse! Man kann die Blätter roh essen, am besten jedoch sind sie wie Spinat gekocht; der Geschmack ist ähnlich mit manchmal einer feinen Bitternote.
Wie Spinat und auch anderes Gemüse enthält der Gute Heinrich Oxalsäure. Nierenleidende sollten ihn daher nur maßvoll genießen.

Verwechslungsgefahr

Die Pflanze kann mit dem giftigen Aronstab *(Arum maculatum)* oder mit dem essbaren Sauerampfer verwechselt werden. Aronstab ist eher selten an den gleichen Standorten anzutreffen, und seine Blätter sind glänzend. Beide sind nicht mehlig bestäubt.

Oben: Auch an der bereits blühenden Pflanze findet man noch junge Seitentriebe.
Unten links: Guter Heinrich im idealen Pflückstadium.
Unten rechts: Der mehlähnliche Belag findet sich vor allem auf der Blattunterseite.

Tortilla mit Gutem Heinrich

250 g Kartoffeln	Im Dampf garen, abkühlen lassen, schälen und in Scheiben schneiden.
250 g Guter Heinrich, Spitzen und Blätter	In Salzwasser 3 Minuten kochen, abgießen, auskühlen lassen und fein hacken.
4 Eier 2 EL Sherry 1 TL Kräutermeersalz 1 TL Paprikapulver wenig geriebene Muskatnuss 1 Knoblauchzehe, gepresst	Die Eier mit allen weiteren Zutaten gut mischen. Die Kartoffeln und den Guten Heinrich dazugeben und gut verrühren.
1 EL Olivenöl	In einer beschichteten Bratpfanne erhitzen, die Masse dazugeben und auf kleinem Feuer zugedeckt langsam garen. Wenn die Tortilla gestockt ist, mit Hilfe eines flachen Deckels wenden und auf der zweiten Seite noch ein paar Minuten braten.

Tipp: Man kann die Tortilla auch als Kuchen in einer Form im Ofen backen. Sie ist warm oder kalt zu genießen.

Alpensuppe mit Farina bona

1 Zwiebel, gehackt 1 Karotte, gewürfelt ¼ Sellerie, gewürfelt 1 EL Bratbutter	In einem Topf erhitzen und das Gemüse darin langsam anbraten.
1 l Wasser 1 EL Gemüsebrühepulver	Dazugeben und 20 Minuten kochen.
2 Handvoll Guter Heinrich 1 Handvoll junge Alpen-Ampfer-Blätter (Seite 97) 1 Handvoll Leimkraut (Seite 85) 2 Handvoll Brennnesseln (Seite 47)	Sämtliche Kräuter grob hacken, zur Suppe geben und noch 10 Minuten weiterkochen.
3 EL Farina bona (geröstetes Maismehl, siehe Glossar) 2 EL Sherry 200 ml Rahm wenig Tamari schwarzer Pfeffer	Am Ende der Kochzeit dazugeben und noch 1 Minute aufkochen. Abschmecken und servieren.

Tortilla mit Gutem Heinrich.

Weiße Melde, Weißer Gänsefuß

Chenopodium album
Gänsefußgewächse

Habitat

Die Weiße Melde wächst am liebsten dort, wo der Boden bearbeitet worden ist: auf reifem Kompost oder einem Erdhaufen, im Garten und auf Feldern. Dort findet man ihn in großen Mengen.

Erkennungsmerkmale

Die Melde kann je nach Bodenbeschaffenheit über zwei Meter hoch werden. Bei dieser Höhe verholzt der vielfach verzweigte Stängel; im Winter findet man ihn dann auf unbearbeiteten Böden, oft als vertrocknete Staude.

Ähnlich wie ihr Cousin, der Gute Heinrich, besitzt die Melde einen weißen, mehligen Belag auf den Blättern und den jungen Teilen der Pflanze, sodass sich die Pflanze am besten mit dem Tastsinn erkennen lässt. Die Blätter sind ganz jung hellgrün, werden später blaugrün bis grau; die zentralen jungen Teile sind durch die mehlige Bestäubung weißlich gefärbt. Im späteren Frühjahr und bis in den Sommer hinein erscheint die Melde wie gesät, dort wo der Boden gelockert wurde, oft in Begleitung von Hirtentäschel *(Capsella bursa-pastoris)*; auf den Äckern der Biobauern kann man dann gleichzeitig mit dem Pflücken der Melde die armen Karottenpflänzchen befreien, die sonst ersticken würden.

Pflücken und kochen

Man pflückt die Blätter und die jungen Triebe mitsamt dem zarten Teil des Stängels. Die Ernte kann schon früh beginnen, wenn die Pflanze erst wenige Zentimeter hoch ist, und geht weiter bis in den Sommer; an der hoch gewachsenen Pflanze lassen sich dann die immer weiter austreibenden Spitzen mühelos ernten. Die bis in den Herbst zu findenden Blütenstände mit den Samen können von den Ästen abgezogen werden.

Die Weiße Melde wird vorzugsweise gekocht, junge Blätter können aber auch roh gegessen werden. Sie ist für mich der absolut beste Spinat, noch besser als der echte, dem er in allem ähnelt, im Geschmack jedoch überlegen ist. Früher wurde die Melde angepflanzt – in Indien geschieht dies heute noch.

Die Weiße Melde enthält Oxalsäure.

Verwechslungsgefahr

Die Melde kann mit anderen Pflanzen aus der gleicher Gattung oder mit den verschiedenen *Atriplex*-Arten verwechselt werden; sie sind alle ebenfalls essbar, mit Ausnahme des aromatisch riechenden, aber seltenen *Chenopodium ambrosioides*.

Ende Sommer sind die Meldepflanzen so hoch, dass man zum Pflücken der Blüten und Samen fast eine Leiter braucht.

Oben links: Felder des Biolandbaus sind ideale Orte zum Sammeln von Melde (bei Donato Pedroia in Gordola).
Oben rechts: Man kann die Blütenstände einfach abstreifen. Unter den Crêpeteig gemischt, fühlen sich die kleinen Samen knackig an wie Mohn und verleihen ihm zudem einen feinen Spinatgeschmack.
Unten: Weiße Melde, Sternmiere und Hirtentäschel bedrängen schon früh das angepflanzte Gemüse.

Rechte Seite: Im Garten oder auf reifem Kompost wächst die Weiße Melde wie eingesät.
Die jungen Meldepflanzen erscheinen im Zentrum weißlich mehlig bestäubt (ganz rechts).

Spätzli mit Melde

150 g Weißmehl
150 g Vollkornmehl, Kleie ausgesiebt
100 g Farina bona (siehe Glossar)
4 Eier
1 TL Meersalz
200 ml Wasser und/oder Milch

Alle Zutaten zu einem Spätzliteig verklopfen (eventuell noch etwas Flüssigkeit nachgießen) und 30 Minuten ruhen lassen.
Den Teig mit dem Spätzlisieb in kochendes Salzwasser geben. Sobald sie an der Oberfläche schwimmen (nach ca. 30 Sekunden) herausheben und in einer Schüssel mit kaltem Wasser abkühlen; abtropfen lassen. Sie können bis hierher vorbereitet und einige Tage im Kühlschrank aufbewahrt werden.

2 EL Bratbutter

In eine heiße beschichtete Bratpfanne geben und die Spätzli unter ständigem Wenden anbraten.

1 EL Lauch, ganz fein geschnitten
4 Handvoll Weiße Melde
1 Prise Kräutermeersalz

In einer Schüssel gut vermischen. Unter ständigem Wenden zu den Spätzli geben, rasch zudecken, damit die Blätter zusammenfallen, und wenige Minuten kochen.

2 EL Sherry
200 ml Rahm

Über die Spätzli gießen, vom Feuer nehmen und auf vorgewärmten Tellern anrichten.

150 g geräucherter Ricotta

Darüberreiben.

schwarzer Pfeffer

Darübermahlen und servieren.

Pikanter Cake mit Melde und Forelle

Für eine Cakeform von 26 cm Länge oder mehrere kleine Formen (siehe Bild)

300 g Weiße Melde

Mit ganz wenig Wasser in einen Topf geben und zugedeckt zusammenfallen lassen, auskühlen lassen, hacken und beiseite stellen.

3 Eier
100 ml Olivenöl
50 ml Milch
50 ml Weißwein
1 Prise Kräutermeersalz
gemahlener grüner Pfeffer

Alles in eine Schüssel geben und mit dem Schneebesen verrühren.

180 g Dinkel-Halbweißmehl
¼ Beutel (4 g) Backpulver

Mischen, zur Eimasse geben und gut verrühren.

100 g Räucherforellenfilet, grob gehackt
150 g Manouri (siehe Glossar), klein gewürfelt

Zusammen mit der gekochten Melde zum Teig geben und in die ausgebutterte Cakeform füllen. Im Backofen bei 180 Grad 25–30 Minuten backen. Lauwarm oder kalt genießen.

Pikanter Cake mit Melde und Forelle zu Löwenzahngemüse mit Rotweinkastanien (Rezept Seite 283).

Rahm-Meldegemüse

1 Schalotte, in Ringe geschnitten
1 TL Bratbutter
In einem großen Topf erhitzen und die Schalotte darin ein paar Minuten braten.

1 Knoblauchzehe, in feine Scheiben geschnitten
Dazugeben und wenige Sekunden mitbraten.

5 Handvoll Weiße Melde
½ EL Gemüsebrühepulver
Dazugeben und sofort umrühren, damit die Brühe sich gut verteilt.

100 ml Rahm
Darübergießen und zugedeckt noch wenige Minuten köcheln lassen.

Tipp: Kann als Beilage serviert werden oder, eventuell unter Zugabe von Thunfisch und Tamari oder gebratenen Speckwürfeln, zu einer Pastasauce verwandelt werden.

Melde-Quinoa-Gratin

20 g Schalotte, gehackt 50 g Petersilienwurzel, gewürfelt 1 EL Olivenöl	In einen warmen Topf geben und das Gemüse auf kleinem Feuer langsam andünsten.
200 g Quinoa 380 ml Wasser 2 Lorbeerblätter 1 EL Gemüsebrühepulver 1 Messerspitze Safran	Alles zum Gemüse geben, aufkochen und 10–15 Minuten, ohne zu rühren, weiterkochen; dabei die Hitze zunehmend reduzieren. Zuletzt noch 10–15 Minuten auf der abgeschaltenen Herdplatte nachquellen lassen.
250–300 g Melde	In einem Topf mit ganz wenig Wasser zusammenfallen lassen; auskühlen lassen und hacken.
200 g frischer Ricotta	In eine ausgebutterte Gratinform die Hälfte des Ricottas zerbröseln, die Hälfte des Quinoas darüber verteilen, darauf die gekochte Melde, wieder Ricotta und zuletzt das restliche Quinoa geben.
100 ml Weißwein 2 Eier 200 ml Rahm 1 Prise Kräutermeersalz Muskatnuss und schwarzer Pfeffer	Zu einer Sauce mischen und gleichmäßig über den Gratin gießen.
40 g Butter	In Flocken darüber verteilen. Im Ofen bei 190 Grad 45 Minuten zugedeckt, in den letzten 10 Minuten abgedeckt garen.

Sternmiere, Vogelmiere, Hühnerdarm

Stellaria media
Nelkengewächse

Habitat

Die Sternmiere ist ein weit verbreitetes »Unkraut«, das kühlere Temperaturen bevorzugt; man findet sie öfter anfangs Frühjahr und im Herbst als im Hochsommer. Als typische Pionierpflanze breitet sie sich auf von Mensch oder Natur nackt gelassenen Böden aus und bedeckt sie.

Erkennungsmerkmale

Im Frühjahr stehen die Pflänzchen so dicht, als hätte man sie ausgesät. Beim Weiterwachsen breiten sich die manchmal rötlichen Stängel sternförmig aus. Die Pflanze wächst üppig und bildet ganze Kissen, die man sehr leicht jäten kann, indem man sie im Zentrum fasst und herauszieht; die Stängel kommen dann wie die Arme eines Oktopus mit. Dem Stängel entlang verläuft eine Reihe von Haaren. Reißt man den Stängel ab, bricht zuerst die äußere Scheide, und es zeigt sich der innere, elastischere »Darm«. Nach der Blüte biegen sich die kleinen Früchtchen rückwärts gegen das Zentrum der Pflanze. Die zahlreichen Samen, die reif sehr hart sind, wie auch die grünen Teile der Pflanze werden von Vögeln und Hühnern geschätzt, daher auch die Namen der Pflanze.

Pflücken und kochen

Bis zur Blütezeit und bis sich die harten Samen bilden, pflückt man die Blätter und die jungen Triebe mitsamt dem zarten Teil des Stängels (ca. 4 bis 10 cm lang). Vor allem dort, wo die Pflanze in großen Kissen wächst, lohnt es sich, mit der Schere zu ernten: Im Nu hat man eine reichliche Ernte.

Die Sternmiere schmeckt sehr mild und gar nicht bitter und erinnert geschmacklich an Erbsen oder Mais. Sie eignet sich hervorragend als Salat und neutralisiert andere, eher bittere Frühlingskräuter; aber auch gekocht schmeckt sie sehr gut, etwa als Füllung oder in Suppen.

Verwechslungsgefahr

Die Sternmiere kann mit dem in Gärten als dekorativer Bodendecker angepflanzten leicht toxischen Acker-Gauchheil *(Anagallis arvensis)* verwechselt werden: Seine Stängel sind aber vierkantig im Gegensatz zum runden Stängel der *Stellaria,* und auf der Unterseite der Blätter hat er bräunliche Flecken; vor allem aber blüht er blau oder rot. Die anderen, weniger üppig verbreiteten Arten der Gattung *Stellaria* sind meist zu zäh für eine kulinarische Verwendung.

Frühlingssalat Stellaria

1 Prise Kräutermeersalz 1 EL grober Senf ½ EL wilde Lauchblätter (Seite 297), fein geschnitten 1 EL Apfelessig 2 EL Olivenöl 1 EL geröstetes Mandelöl	In einer Salatschüssel zu einer Sauce mischen.
100 g Moschuskürbis	In ganz feine Stäbchen raspeln.
2 Handvoll Sternmiere 1 Handvoll Schaumkraut (Seite 131) 1 Handvoll Feldsalat (Seite 229) 1 Handvoll Veilchenblätter (Seite 115)	Alles mit der Sauce gut vermischen und sofort servieren.

Sternmiere-Sauerampfer-Cremesuppe

1 Stange Lauch, fein geschnitten 2 EL Bratbutter	In einem Topf auf kleinem Feuer andünsten.
2 EL Mehl	Darüberstreuen, kurz rösten und vom Feuer nehmen.
1 l Wasser 1 EL Gemüsebrühepulver	Dazugeben und 10 Minuten kochen.
4 Handvoll Sternmiere, gehackt 1 Handvoll Sauerampfer (Seite 107), gehackt geriebene Muskatnuss	Zur Suppe geben, nochmals 5 Minuten kochen und mit dem Mixerstab pürieren.
3 EL Sherry 200 ml Rahm	Dazugeben und nochmals aufkochen.
scharfes Paprikapulver	Mit Paprika bestreut servieren.

Oben: Die kleinen Blüten sind noch essbar, aber die ausgereiften Samen sind viel zu hart für den Genuss. Die Vogelmiere breitet sich sternförmig aus. Im Frühjahr und Herbst ist sie im Garten eine Plage – diese Kohlrabi (unten rechts) hat sie schon fast zugedeckt.

Zuckermais mit Sternmiere

1 Maiskolben, tiefgekühlt

Mit einem scharfen Messer die Körner abschneiden.

½ Peperoncino, in Ringe geschnitten
1 EL Olivenöl

In eine heiße Bratpfanne geben, Mais und Peperoncino ein paar Minuten braten.

1 Knoblauchzehe, gepresst

Noch wenige Sekunden mitbraten; die Pfanne vom Feuer nehmen.

3 Handvoll Sternmiere

Dazugeben und schnell mischen.

1 Prise Kräutermeersalz
2–3 EL geröstetes Baumnussöl
1 Handvoll Baumnüsse, gehackt

Würzen und mischen. Sofort aus der Pfanne nehmen und servieren.

Seitan-Cordon-bleu mit Sternmiere

4 dicke Scheiben Dinkel-Seitan (siehe Glossar)

Mit einem spitzen Messer eine Tasche einschneiden.

4 Scheiben Weichkäse (Formaggella)

In die Seitan-Taschen legen.

4 Handvoll Sternmiere
½ EL Olivenöl

In eine heiße Pfanne geben und die Sternmiere tropfnass dazugeben.

1 Prise Kräutermeersalz

Würzen, schnell wenden und zugedeckt 1 Minute garen.

schwarzer Pfeffer aus der Mühle

Würzen und etwas auskühlen lassen. In die Seitan-Taschen füllen.

2 EL Bratbutter

In einer heißen Bratpfanne die Seitan-Cordon-bleus auf beiden Seiten knusprig braten und sofort servieren.

Leimkraut, Taubenkropf, Klatschnelke

Silene vulgaris
Nelkengewächse

Habitat

Das Leimkraut (regional auch Chlöpferli oder Chlepfer genannt) wächst vor allem auf nicht zu fetten Wiesen, an sonnigen wie an schattigen Orten, an Wegrändern und an den Böschungen der Weinberge. Es ist eine sehr bekannte essbare Wildpflanze.

Erkennungszeichen

Die jungen Triebe bilden in der Frühlingswiese ganze Kissen: Eine Pflanze kann zehn oder mehr 30 bis 50 Zentimeter hohe Stängel bilden. Die manchmal graublauen gegenständigen, länglichen Blätter können im frühen Stadium teilweise violett oder rot gefärbt sein. Die Blüten bilden die typischen Ballönchen, die wir als Kinder auf der Hand platzen ließen. Wenn man die jungen Triebspitzen zwischen den Fingern hin und her bewegt, hört es sich an wie bei Wirsingblättern, die man gegeneinander reibt.

Pflücken und kochen

Man pflückt die Triebspitzen, sobald sie aus der Erde stoßen, bis zu einer Stängelhöhe von 30 bis 50 Zentimeter und solange sie noch keine Blüten tragen. Nach dem Heuschnitt kann man nochmals pflücken, die im Frühjahr so fleischigen Spitzen sind dann jedoch etwas magerer – fein schmecken sie aber immer. Man isst sie roh als Salat oder gibt sie allein oder mit anderen Kräutern in den letzten 5 Minuten zu Suppen und Risotti. Der Geschmack ist süßlich und erinnert an Lakritze und Erbsen.

Verwechslungsgefahr

Am besten merkt man sich für den Anfang eine Wiese, wo das Leimkraut blüht, um dann im darauffolgenden Jahr oder nach dem Heuschnitt die jungen Triebe zu suchen. Das Leimkraut kann mit dem ungenießbaren Seifenkraut verwechselt werden oder mit anderen *Silene*-Arten, wobei Letztere jedoch haariger und fast alle essbar sind.

Links: Eine junge Leimkrautpflanze ragt aus der Wiese. Man pflückt nur die Spitzen.

Links: An guten Standorten bildet die Pflanze ganze Kissen.
Rechts oben: In der Phase der Blüte ist die Pflanze schon zu zäh; dafür machen sich jetzt die Kinder einen Spaß daraus, die Blüten platzen zu lassen.
Rechts unten: Im ersten Stadium ist das Leimkraut von der Kälte oft noch rötlich.

Reissuppe mit Leimkraut

1 Zwiebel, gehackt ¼ Sellerieknolle, klein gewürfelt 1 EL Bratbutter oder Öl	In einen heißen Topf geben und das Gemüse langsam andünsten.
1 l Milchwasser (halb halb) 3 Lorbeerblätter 100 g Vollkorn-Rundkornreis	Alles dazugeben und zirka 50 Minuten kochen, bis der Reis gar ist.
Muskatnuss ganz wenig Nelkenpulver 4 Handvoll Leimkraut 1 EL Gemüsebrühepulver	Zur Suppe geben und nochmals 5 Minuten kochen.
2 EL Sherry 50 ml Rahm	Abschmecken und noch 1 Minute aufkochen.

Silene alla ligure

1 EL Olivenöl 1 TL Fenchelsamen	In eine Bratpfanne geben.
2 EL Sultaninen	Dazugeben und 3–4 Minuten auf kleinem Feuer rösten.
1 Knoblauchzehe, gepresst	Dazugeben und noch 15 Sekunden mitbraten.
3 Handvoll Leimkraut 1 Prise Kräutermeersalz	In die Pfanne geben, gut mischen und zugedeckt 5 Minuten kochen.
50 g Pinienkerne, geröstet	Dazugeben.
schwarzer Pfeffer aus der Mühle 3 EL Olivenöl	Würzen und mit Olivenöl beträufeln.

Tipp: Kann kalt oder warm als Vorspeise oder Beilage gegessen werden (Bild Seite 179).

Leimkraut-Malfatti mit Gundelrebenbutter

200 g Leimkraut	Mit ganz wenig Wasser in einen Topf geben und zugedeckt wenige Minuten zusammenfallen lassen. Auskühlen lassen und hacken.
200 g frischer Ricotta 1 Ei 20 g gemahlenes trockenes Brot 30 g Weißmehl 1 Prise Kräutermeersalz Muskatnuss und Pfeffer	Alle Zutaten in eine Schüssel geben, das gehackte Leimkraut dazugeben und gut verkneten. Einen großen Topf Salzwasser zum Kochen bringen. Da Ricotta sehr unterschiedlich feucht sein kann, zuerst eine Probe machen: Aus dem Teig eine große Nocken formen und 2–3 Minuten kochen; falls sie auseinanderfällt, noch mehr Mehl dazugeben. Aus dem Teig große Klöße formen und portionenweise im kochenden Salzwasser 3–4 Minuten simmern lassen. Mit einer Schaumkelle herausheben und in einer ofenfesten Form im Backofen bei 100 Grad warm halten.
60 g Butter 2 EL Gundelrebeblätter (Seite 196)	In einem kleinen Pfännchen die trocken getupften Blätter knusprig braten, bis die Butter goldgelb ist. Über die Malfatti gießen und servieren.

Leimkraut-Malfatti mit Gundelrebenbutter.

Grünkernrisotto mit Leimkraut

1 Zwiebel, gehackt
1 Karotte, längs geviertelt, fein geschnitten
1 EL Olivenöl

In einen warmen Topf geben und das Gemüse langsam auf kleinem Feuer anbraten, bis es karamellisiert.

300 g Grünkern
1 l Wasser
2 Lorbeerblätter
1–2 Nelken

Zum gebratenen Gemüse geben, aufkochen und auf kleinem Feuer zirka 50 Minuten weiterkochen, bis die Körner aufgeschlossen sind.

3 Handvoll Leimkraut
1 EL Gemüsebrühepulver
100 ml Weißwein
1 EL Olivenöl

Dazugeben und unter Rühren nochmals 5 Minuten kochen. Abschmecken und servieren.

Amarant, Fuchsschwanz

Amaranthus retroflexus, A. hybridus, A. blitum
Fuchsschwanzgewächse

Oben: *Amaranthus retroflexus, A. blitum* und *A. albus,* alle am gleichen Ort gefunden.

Habitat

Amarant ist ein weit verbreitetes Unkraut, das mit steigenden Temperaturen keimt. Man findet ihn in großen Mengen ab Mai oder Juni im Garten, in angepflanzten Feldern, Rebbergen und an Wegrändern.

Erkennungsmerkmale

Der Zurückgekrümmte Fuchsschwanz oder Amarant *(Amaranthus retroflexus)* hat einen behaarten, manchmal rötlichen Stängel, an dem sich filzig anmutende, lang gestielte, längliche Blätter mit markanten Blattnerven befinden. Die junge Pflanze breitet ihre Blätter in Form eines horizontalen Tellers aus. Der Stängel verzweigt sich manchmal schon ab den untersten Blättern, als Einzelpflanze wirkt er buschig. Die grünen Blütenstände sind sehr dicht und stehen am Ende des Stängels sowie an den Blattachseln. Sie gleichen Fuchsschwänzen.
Es kann vorkommen, dass man im gleichen Feld zwei bis drei verschiedene Arten Amarant findet: solche mit dunkelgrünen oder roten, kahlen Blättern mit abgeschnittenen Enden *(Amaranthus blitum)* oder kleine, fast niederliegende Arten. Alle bei uns wachsenden *Amaranthus*-Arten sind essbar.

Pflücken und kochen

Amarant ist eine für die Küche sehr interessante Pflanze, da alle ihre Teile, wie es uns die amerikanischen Urvölker zeigen, essbar sind. Die Blätter schmecken sehr gut wie Spinat gekocht; die jungen Blütenstände ergeben ein feines und dekoratives Gemüse; die Samen kann man einfach so knabbern, ganz oder gemahlen zu Brei kochen oder keimen lassen. Amarant ist eine nahrhafte Pflanze: Die Blätter enthalten mehr Eiweiß als Soja und viele wichtige Inhaltsstoffe, die dem menschlichen Körper in günstiger Zusammensetzung zur Verfügung stehen. Sein Geschmack ist fein, relativ neutral und erinnert leicht an einige Tage altes Brot.
Die schon den Inkas heilige Pflanze wird traditionell in Mittelamerika angebaut; ihre Samenkörner sind glutenfrei und anderem Getreide ebenbürtig. Die Pflanze erwies sich in letzter Zeit als resistent gegen das sehr umstrittene Unkrautbekämpfungsmittel Round-up von Monsanto.

Verwechslungsgefahr

Verwechslungen mit anderen *Amaranthus*-Arten oder auch mit den entfernteren *Chenopodium* oder *Atriplex* sind möglich, aber bedenkenlos, da alle essbar und in großen Mengen vorhanden sind.

Amarantkuchen

Für ein Kuchenblech von 28–30 cm Durchmesser

Für den Kuchenteig:

140 g Weizenvollkornmehl
100 g frisch gemahlene Amarantsamen
100 g Butter
1 Prise Meersalz

Die Zutaten in eine Schüssel geben und mit den Fingern verreiben, bis eine sandartige Masse entstanden ist.

1 Ei, verquirlt
1 EL Quark

Mischen, zum Teig geben und schnell zu einem Klumpen kneten. Mit Hilfe von etwas Mehl auf Backpapier ausrollen. Samt dem Papier auf das Blech ziehen und die Teigränder gleichmäßig hochziehen.

Für den Belag:

400 g Amarantblätter (verschiedene Arten)
½ EL Gemüsebrühepulver

Mit den tropfnassen Blättern in einem Topf zugedeckt kurz kochen, auskühlen lassen und hacken.

3 Eier
300 ml Rahm
30 ml Sherry
2 EL Tamari
1 Knoblauchzehe, gepresst
1 Prise Salz
1 Messerspitze Nelkenpfeffer
wenig Peperoncino, fein gehackt

Alle Zutaten zu einem Guss mischen.

100 g Feta, gewürfelt

Zusammen mit dem gehackten Amarant zum Guss geben, auf den Teigboden gießen und flach streichen.

10–15 Cherrytomaten, halbiert

Mit der Schnittfläche nach oben auf dem Kuchen verteilen. Im Ofen bei 180 Grad 1 Stunde backen.

Linke Seite:
Oben: Da sich die Pflanze auch mit den Zierformen gerne kreuzt, findet man verschiedene Amarant-Formen.
Unten links: Als junge Pflanze breitet *Amaranthus retroflexus* all seine Blätter tellerförmig aus.
Unten rechts: Die Blütenstände produzieren große Mengen an Samen, die auch essbar sind.

Rechts: Die Blätter der kahlen *Art Amaranthus blitum* wirken an der Blattspitze wie eingeschnitten.

Tipps: Amarant und Feta kann man durch andere Kräuter beziehungsweise andere Zutaten ersetzen, zum Beispiel Schlangen-Knöterich (Seite 98) und Räucherforelle, Guter Heinrich (Seite 69) und Speck, Weiße Melde (Seite 73) und geräucherter Scamorza, Giersch (Seite 173) und Sardellen.
Auch der Kuchenteig kann mit anderen Mehlsorten (Vollkorn-, Ruch- oder Weißmehl, Dinkelmehl usw.) und mit zusätzlichen Gewürzen oder Kräutern (Rosmarin, Kümmel, Koriander, Majoran) variiert werden.

Mais-Amarant Auflauf

350 g rotes Polenta-Maismehl 1 l Salzwasser	In einem dickwandigen Topf das Wasser zum Kochen bringen, das Maismehl einrieseln lassen, dabei mit dem Schneebesen rühren, damit es keine Klumpen gibt. Auf kleinem Feuer zugedeckt 1 Stunde kochen lassen, dabei ab und zu rühren. Die Polenta 1 cm dick auf einem Ofenblech ausstreichen oder in eine rechteckige Form pressen und zugedeckt auskühlen lassen. Danach in Scheiben schneiden.
2 Selleriestangen, in Scheiben geschnitten 2 Schalotten, in Ringe geschnitten 1 Frühlingszwiebel, in Ringe geschnitten 1 EL Bratbutter	In einer weiten Pfanne das Gemüse auf kleinem Feuer langsam dünsten und karamellisieren lassen.
1 EL Weißmehl	Darüberstreuen und noch kurz rösten, dann vom Feuer nehmen.
100 ml Wasser 100 ml Weißwein 1 EL Gemüsebrühepulver	Dazugeben und unter stetigem Rühren wieder zum Kochen bringen.
120 g Kürbis, geschält, in Stäbchen geschnitten 300 g Amarantblätter, grob gehackt	Zur Sauce geben und nochmals 7 Minuten kochen.
2 Tomaten, in Scheiben geschnitten	In eine ausgebutterte Gratinform schichtweise Polentascheiben, Amarantgemüse und Tomaten einfüllen.
150 g Alpkäse, gewürfelt	Darüberstreuen und im Ofen bei 190 Grad 30 Minuten überbacken.

Familie der Knöterichgewächse

In dieser Familie findet man viele Arten, die unsere Umgebung besiedeln: Sie breiten sich oft an feuchten Orten aus, an Brachstellen und auf sehr beanspruchten Fluren. Bekannte kultivierte Gewächse aus der Knöterichfamilie sind Buchweizen und Rhabarber. Typisch sind die Knoten, die den Stängel gliedern.

1 Blühendes Buchweizenfeld.

2 Die typische Knotenbildung am Stängel des Buchweizens *(Fagopyrum esculentum)*.

3 *Polygonum persicaria,* Pfirsichblättriger Knöterich.

4 *Polygonum aviculare,* Vogel-Knöterich, ein bodenbedeckendes Unkraut an stark beanspruchten Standorten.

5 Rhabarber.

6 *Rumex alpinus,* Alpen-Ampfer oder Blacke, wächst auf Maiensäßen in großen Kolonien um Alphütten und Ställe. Er wurde früher als Nahrungs- und Futterpflanze kultiviert und zum Teil auch wie Sauerkraut eingesäuert.

Alle abgebildeten Wildpflanzen sind essbar.

Schlangen-Knöterich

Polygonum bistorta
Knöterichgewächse

Habitat

Der Schlangen-Knöterich wächst auf feuchten Wiesen in gebirgiger bis alpiner Lage, auch in kühlen Waldlichtungen ist er zu finden. Er ist oft in größeren Beständen anzutreffen.

Erkennungsmerkmale

Als Erstes erkennt man den Schlangen-Knöterich an seinen im Gras auffallenden großen, länglichen Blättern: Sie haben einen markanten Mittelnerv, sind auf der Unterseite heller und leuchten bei Wind silbrig. Jung sind sie an den Seiten noch eingerollt und wirken im Gegensatz zu älteren Exemplaren etwas »zerknittert«. Zum Stiel hin verschmälert sich das Blatt abrupt, besteht aber noch dem Blattstiel entlang ein Stück weiter als schmaler Flügel. Der sehr lange Blattstiel ist im untersten Teil rosa gefärbt, im Schnitt dreieckig und kahl wie die ganze Pflanze; er kann mit etwas Fingerspitzengefühl langsam aus dem Boden gezogen werden. Später erscheinen am Ende des knotenreichen Stängels die zylindrischen Blütenstände, die typischen rosaroten »Flaschenputzer«, die sich wie Wattenbäusche für eine feine Gesichtsmassage gebrauchen lassen – allerdings riechen sie nicht besonders gut.

Pflücken und kochen

Man pflückt die jungen, seitlich noch eingerollten Blätter. Sie schmecken sowohl roh, fein geschnitten, in Salaten wie auch auf andere Art oder gekocht. Sie haben einen leicht säuerlichen, manchmal etwas adstringierenden Geschmack, der gut zu Fisch, aber auch zu Hülsenfrüchten oder Kartoffeln passt. Beim Kochen verlieren sie die grüne Farbe, was ein Zeichen für das Vorhandensein von Oxalsäure ist.
Auch die Wurzel kann man, nach Einlegen in reichlich Wasser, verwenden; ich verzichte jedoch darauf, einerseits wegen der Mühsal der Vorbereitung, andererseits weil ich es nicht als sinnvoll erachte, mit den Wurzeln die ganze Pflanze zu opfern. Die Samen aber sind eine feine, nussartige Knabberei.

Verwechslungsgefahr

An den gleichen Standorten findet man verschiedene großblättrige *Rumex*-Arten, die zwar nicht so gut schmecken, aber auch nicht giftig sind. Viele andere Knöterich-Arten sind ebenfalls kulinarisch zu verwenden.

Rechte Seite:
Links oben: Das Blatt des Schlangen-Knöterichs verläuft ein Stück weit als Flügel dem Stiel entlang. Pflücken sollte man die zarten, seitlich noch eingerollten Blätter.
Links unten: Blütenknospe.
Rechts: Die feinen Wedel zieren feuchte Bergwiesen.

Knöterichpüree mit Seitanschnitzel

Für das Knöterichpüree:

250 g mehlig kochende Kartoffeln	Schälen, in grobe Stücke schneiden und mit Salzwasser bedeckt gar kochen. Abgießen.
100 g Schlangen-Knöterich-Blätter	Sehr fein schneiden und mit ganz wenig Salzwasser 6 Minuten kochen, etwas auspressen und zu den Kartoffeln geben. Mit dem Mixstab wenige Sekunden pürieren.
3 EL Olivenöl	Beifügen und nochmals kurz mixen, warm halten.

Für die Seitanschnitzel:

300 g Seitan, in Scheiben geschnitten	
1 EL Olivenöl	In einer Bratpfanne den Seitan im heißen Öl von allen Seiten knusprig braten. Auf dem Püree anrichten, eventuell noch mit etwas Olivenöl beträufeln. Hier serviert mit Karotten und Fichtensprossen (Rezept Seite 33).

Tipps: Dieses Püree passt ebenfalls gut zu Fisch oder Fleisch oder zu einer gekochten Wurst.
Der Schlangen-Knöterich lässt sich gut für folgende Rezepte verwenden: Tortilla, Seite 70, Kuchen, Seite 93, Suppe, Seite 81, Risotto, Seite 203 oder Crêpes, Seite 266.

Japanischer Staudenknöterich

Reynoutria japonica (Syn.: Polygonum cuspidatum, Fallopia japonica)
Knöterichgewächse

Habitat

Der Staudenknöterich wächst an Ufern, auf Schuttplätzen und Deponien sowie in Hecken und dringt von dort immer mehr in Wälder und Wiesen vor. Er wurde ursprünglich aus Ostasien importiert, um Böschungen zu festigen. Jetzt zählt er in Europa und Amerika zu den problematischen Neophyten; er wuchert stark und verdrängt die einheimische Flora, weshalb er auf der Schwarzen Liste steht.

Erkennungsmerkmale

Die üppige, buschartige Pflanze wird bis zu 3 Meter hoch. Der oberirdische Teil stirbt bei Frost ab, die dicken Rhizome aber bleiben erhalten. Im Winter ähneln die rötlichen, vertrockneten Stängel dem Bambus. Mit der Zeit brechen sie und wirken zerzaust. Im Frühjahr wachsen aus jedem Wurzelstock im rasanten Tempo von 10 bis 30 Zentimeter pro Tag mehrere rot gefleckte bis zu 3 Zentimeter dicke, kahle Stängel. Die herzförmigen Blätter setzen jeweils an den Knoten an (daher der Familienname); dort verzweigt sich die Pflanze auch. Der Staudenknöterich blüht gegen Ende August.

Pflücken und kochen

Man sammelt die ganz jungen, noch glänzenden Sprosse, solange sie noch fast keine Blätter tragen. In diesem Stadium sind sie sehr zart und haben, ganz kurz gekocht, eine fast cremige Konsistenz; sie eignen sich ebenso geschnitten als Gemüse oder für Kuchen, können aber auch roh gegessen werden, so wie es die Kinder in Japan tun. Die Sprosse haben einen säuerlichen Geschmack, feiner als Rhabarber; sie passen zu salzigen wie zu süßen Gerichten, in Kombination mit Milchprodukten und Gewürzen, auch exotischen. Im letzten Moment klein geschnitten unter den Risotto gemischt, geben sie diesem eine interessante Note. Da sie zwischen den Knoten hohl sind, eignen sie sich ideal zum Füllen mit einer süßen oder pikanten Masse oder sogar mit Fisch, der hervorragend zu seiner feinen Säure passt. Dafür wählt man ganz dicke Sprosse und schält sie. Auch die jungen Blätter können gekocht gegessen werden, ebenso wie die im Frühherbst geerntete zarte Wurzel.
Die Pflanze enthält Oxalsäure.

Verwechslungsgefahr

Mit *Reynoutria sachalinensis,* die noch größer ist, jedoch ebenso verwendet werden kann.

Oben: Die hohlen Stängel der Sprosse müssen geschält werden, wenn man sie zum Füllen ganz verwendet.

Gefüllter Japanischer Knöterich

5–8 junge dicke Knöterichstängel

Zum Füllen werden nur die unteren, dickeren Teile verwendet (der Rest kann für den Kuchen Seite 105 verwendet werden). Die Stängel jeweils bei den Knoten in Stücke schneiden und diese entfernen; schälen, indem man mit einem Messer die Haut fasst und abzieht.

1–2 EL mildes Sonnenblumenöl

Die Röhren außen bestreichen.

100 g frischer Ricotta oder Frischkäse
40 g Baumnüsse, gemahlen
1 Prise Kräutermeersalz
1 EL Weinberg-Lauch (Seite 297), fein geschnitten
schwarzer Pfeffer und Muskatnuss

Die Zutaten zur Füllung gut vermengen und mit einem Spritzsack in die Röhren füllen. Im auf 190 Grad vorgeheizten Ofen 10–15 Minuten mit Umluft backen.

Oben links: Nur die ganz jungen Triebe des Japanischen Staudenknöterichs sind eine wirkliche Delikatesse – schade ist die Erntezeit so kurz!
Unten links: Die Pflanze im idealen Pflückstadium.
Oben rechts: Im Winter sehen die Standorte der Pflanze wie verwüstet aus. Sie wächst gerne an fließendem Wasser.
Unten rechts: Die Pflanze überwuchert rasch große Flächen. Daher darf man Abfälle davon auf keinen Fall auf den Kompost werfen oder in der Natur zurücklassen; sie müssen verbrannt werden, da die Pflanze auch aus kleinsten Teilen wieder sprießen kann.

Füllungsvarianten

Fischfüllung:

100 g Lachsforellenfilet
1 Prise Kräutermeersalz

In der Größe der Röhren entsprechende Stücke schneiden. Salzen und in die Röhren stecken.
Zubereitung wie Seite 103 beschrieben (Bild Seite 171).

Süße Variante:

100 g Ricotta
40 g Haselnüsse, gemahlen
1 EL Sultaninen
1 TL abgeriebene Zitronenschale
1 Prise Zimt

Zubereitung wie Seite 103 beschrieben.

Knöterichkompott

100 ml Weißwein
150 g Birnendicksaft

Zusammen in einem weiten Topf zum Kochen bringen.

300 g Knöterich, in 3 mm dünne Ringe geschnitten

In die Flüssigkeit geben, 1 Minute aufkochen, dann im Sud auskühlen lassen oder noch heiß in luftdicht verschließbare Gläser abfüllen.

Tipp: Der säuerliche Geschmack dieses Kompotts passt gut zu Cremen, Eiscreme und Mousse.

Sammelgut.

Japanischer-Knöterich-Kuchen

Für eine Kuchenform von 30 cm Durchmesser

240 g Vollkornmehl, möglichst frisch gemahlen
120 g Butter
3 EL Palmzucker
1 EL Zimtpulver
1 Prise Salz

Die Zutaten mit den Fingern verreiben, bis sie eine sandige Konsistenz haben.

1 EL Quark

Dazugeben, schnell einarbeiten und zu einer Kugel formen.
Den Teig mit Hilfe von etwas Mehl auf Backpapier ausrollen. Mit dem Papier in die Kuchenform legen.

100 g Haselnüsse, gerieben

Auf dem Teigboden verteilen.

3 Eier
250 ml Rahm
6 EL Birnendicksaft
2 EL Quark

Alles zu einem Guss mischen.

20–30 junge Knöterichstiele

In 2–3 mm dünne Ringe schneiden (wenn man sie genug fein schneidet, braucht man die Stängel nicht zu schälen). Mit dem Guss gut vermischen und auf dem Teigboden verteilen. Im Ofen bei 180 Grad wenn möglich nur mit Unterhitze und ohne Umluft 1 Stunde backen.

Sauerampfer

Rumex acetosa, R. scutatus
Knöterichgewächse

Habitat

Der Sauerampfer wächst vor allem auf Wiesen, wo er bis spät in den Herbst hinein nach jedem Schnitt sofort wieder nachwächst. In höheren Lagen, in lichten Wäldern und am Wegrand gedeiht der Berg-Sauerampfer *(Rumex alpestris* oder *arifolius)*, der Ersterem sehr ähnlich ist. Etwas später im Frühjahr zeigt sich der Schildblättrige Ampfer *(Rumex scutatus)*: Er wächst oft auf Trockenmauern oder an steinigen Bächen.

Erkennungsmerkmale

Pfeilförmige, glänzende, ganz kahle, manchmal etwas ledrige Blätter und die grüne bis rote Blütenrispe, deren Stängel man als Kind so gerne naschte, kennzeichnen die Pflanze. Vor allem ist es aber der sehr saure Geschmack, an dem man sie sofort erkennt. Der Schildblättrige Ampfer hat oft kleine helle Punkte auf den blau- oder graugrünen Blättern und wächst in größeren Büscheln.

Pflücken und kochen

Die Blätter zeigen sich schon sehr früh und werden kaum zäh, auch wenn die Pflanze blüht. Die noch geschlossenen Blütenstände und die jungen, noch zarten Früchte kann man ebenso pflücken.

Der ausgesprochen saure Geschmack legt seine kulinarische Verwendung nahe: Er kann zum Teil Zitrone oder Essig ersetzen und passt hervorragend zu Fisch. Man kann damit feine Saucen zubereiten. Am Ende der Kochzeit gebe ich gerne etwas Sauerampfer zum Risotto, was ihm eine rassige Note gibt (im Sommer nehme ich stattdessen frische Tomatenwürfel).

Verwechslungsgefahr

Man kann ihn mit dem giftigen Aronstab *(Arum maculatum)* verwechseln; dieser ist aber größer, hat ledrigere Blätter und wächst in Gruppen vor allem im feuchten Wald. Aronstab wirkt im Mund sofort sehr brennend.

Links: Der Sauerampfer ist schon früh im Jahr zu finden, seine Blätter bleiben aber noch lange zart.
Oben: Sammelgut: Neben *Rumex acetosa* liegt *R. scutatus* und unten die kleinwüchsige *R. acetosella*.

Rechts oben: Der Schildblättrige Ampfer hat sehr dekorative Blätter.
Rechts unten: Auch die noch nicht allzu reifen kleinen Früchte können gegessen werden.
Links: *Rumex scutatus* erscheint etwas später; er wächst gerne auch an steinigen Standorten oder direkt aus Mauern.

Kalte Sauerampfersauce

100 g Seidentofu (oder frischer Biotofu mit etwas Wasser)	
1 EL Senf	
3 EL Tamari	
4 Handvoll Sauerampferblätter	Die Hälfte davon im Dampf 1 Minute garen und auskühlen lassen. Die andere Hälfte fein schneiden. Zusammen mit den anderen Zutaten im Mixer zu einer cremigen Konsistenz pürieren.
schwarzer Pfeffer	Würzen.
3 EL Olivenöl	Bei laufendem Mixer in die Sauce einarbeiten.

Tipp: Die Sauce passt zu geräuchertem Forellenfilet oder zu anderem mariniertem Fisch, auch sehr gut zu Kartoffeln in der Schale oder als Dip zu rohem Gemüse.

Links: Ganze, junge Sauerampfer-Blütenstände kann man ebenso wie die Triebknospen des Knoblauchhederichs (ganz hinten) als Dip-Gemüse zu einer Sauce reichen.
Oben: Gekochter und roher Sauerampfer werden mit Seidentofu gemixt.

Sauerampfersalat mit Räucherforelle

½ TL Kräutermeersalz
1 TL in Salzlake eingelegter grüner Pfeffer, gehackt
1 EL Zitronensaft
½ Knoblauchzehe, gepresst
1 EL wilder Lauch (Seite 297), fein geschnitten
1 EL grober Senf
3 EL Olivenöl
1 EL Orangen-Olivenöl

Alle Zutaten zu einer Sauce mischen.

3 Handvoll (Schild-)Sauerampfer
2 geräucherte Forellenfilets, in Stücke geschnitten
1 Avocado, geschält, gewürfelt
1 Fenchelknolle, fein gehobelt
1 EL Orangenzesten, in langen Streifen abgezogen

Alles mit der Sauce mischen und sofort servieren.

Variante: Die Räucherforelle durch Arame oder Hijiki-Algen ersetzen; diese 5 Minuten in Wasser kochen.

Zander mit Sauerampfercreme

Für die Sauerampfercreme:

3 Handvoll Sauerampfer

Im Dampf wenige Minuten garen und auskühlen lassen.

200 ml Sauerrahm
2–3 EL Farina bona (geröstetes Maismehl, siehe Glossar)
1 EL Tamari

Alle Zutaten im Mixer zu einer festen Creme pürieren.

200 g Backen oder Streifen von Zander
1 Prise Kräutermeersalz
2 EL Mehl
1–2 EL Olivenöl

Die Fischstücke salzen und im Mehl wenden.
In eine heiße Bratpfanne geben und den Fisch darin kurz und kräftig anbraten. Mit der kalten Sauce servieren.
(Bild Seite 171)

Sauerampfer-Fisch aus dem Ofen

100 ml Weißwein
100 ml Rahm
1 EL Marantamehl oder Maisstärke (Maizena)
1 EL Gemüsebrühepulver
1 Knoblauchzehe, gepresst

Alles in einer Schüssel zu einer Sauce mischen.

1 EL Butter

Eine weite ofenfeste Form mit Butter ausstreichen.

2 Handvoll Sauerampferblätter, gehackt

Auf dem Boden der Form verteilen.

500 g Fischfilets
1 Prise Kräutermeersalz

Den Fisch salzen und auf den Sauerampfer legen.

2 Handvoll Sauerampferblätter, gehackt

Darüberstreuen. Die Sauce nochmals umrühren und über den Fisch verteilen. Im 220 Grad heißen Ofen 15 Minuten backen.

Links: Sauerampfersalat mit Räucherforelle,
rechts: Sauerampfer-Fisch aus dem Ofen.

Winter-Linde

Tilia cordata
Lindengewächse

Habitat

Die Winter-Linde ist ein sehr verbreiteter Baum, der 30–40 Meter hoch wird. Man findet ihn in Mischwäldern in mäßig warmen Gegenden. In den Dörfern wurde er traditionell auf dem Dorfplatz gepflanzt; unter den zum Teil mächtigen Bäumen wurde gerichtet und gefeiert. In Städten wird er gerne in Alleen und Parks gepflanzt, wobei oft noch andere Sorten hinzukommen: *Tilia platyphyllos* (Sommer-Linde) und *Tilia x vulgaris*, eine Kreuzung von beiden.

Erkennungsmerkmale

Die herzförmigen, glänzenden, fein gezahnten Blätter leuchten im Frühjahr hellgrün. Auf der Blattunterseite befinden sich an den Nerven kleine Haarbüschel, die bei den ausgewachsenen Blättern rostrot sind. Die Baumrinde ist sehr dunkel. Gestutzte Bäume bilden an der Basis neue Äste, an denen später ebenfalls junge Blätter zu finden sind. Wenn die Linde im Juni blüht, verbreitet sich ein lieblicher, unverwechselbarer Duft, der auch viele Bienen anzieht.

Pflücken und kochen

Die zarten Blätter werden vom Knospenstadium bis dann, wenn sie dunkler werden, gepflückt. Mit ihrem sehr milden, angenehmen Geschmack und ihrer leicht cremigen Konsistenz ergeben sie einen sehr feinen Salat, vielleicht den besten überhaupt; er lässt sich fast ohne Sauce zubereiten. Ein Lindenblatt und ein Sauerampferblatt sind in Bezug auf Geschmack und Textur wie Öl und Essig. Um die Zartheit der Lindenblätter zu prüfen, probiert man sie am besten: Wenn sich das Blatt zwischen den Zähnen wie Papier anfühlt, ist die Saison vorbei. Einfacher für die Ernte, da noch nicht so hoch, sind junge Lindenbäume; bequem sind auch große Bäume am Waldrand, deren ausladende Äste sich genau auf Mundhöhe befinden. Die Blüten können zum Aromatisieren von salzigen und süßen Speisen verwendet werden.

Verwechslungsgefahr

Auch alle anderen Lindensorten sind grundsätzlich essbar. Aufgrund ihrer haarigen Blätter sind sie aber nie so zart wie die der Winter-Linde. Von der Form her könnten die Blätter auch mit jenen des Haselnussstrauchs verwechselt werden, die jedoch ebenfalls rauher, haariger und niemals so mild, aber auch nicht giftig sind.

Im jungen Stadium sind die Lindenblätter im Kontrast zur Rinde sehr hell.
Glück hat, wer einen Baum mit Blättern auf Mundhöhe findet.
Wildpflanzenkurs in der Magadinoebene.

Der feinste Salat

Die Linde ist so ein feiner Salat, dass es dazu fast keine Sauce braucht. Man kann ihn allein servieren, mit ein paar Blüten bestreut oder mit anderen, sehr milden Kräutern gemischt, zum Beispiel mit Feldsalat (Seite 229), der zu dieser Zeit schon etwas aufgestängelt ist, mit Sternmiere (Seite 79) oder für einen pikanten Touch mit Brunnenkresse (Seite 127).
Als Sauce empfiehlt sich lediglich etwas Salz, wenig weißer Balsamico- oder Sherry-essig, Baumnuss- oder Haselnussöl, gemischt mit einem neutralen Öl (z.B. mildes Sonnenblumenöl). Man muss diesen Salat sofort genießen, sobald er angemacht ist!

Oben links: Am Anfang sind die schützenden roten Knospenblätter noch sichtbar.

Wohlriechendes Veilchen

Viola odorata
Veilchengewächse

Habitat

Das Wohlriechende Veilchen wächst an Waldrändern, an schattigen Orten in Gärten und Wiesen in gemäßigten Zonen. Dank seinen Ausläufern bildet es ganze Kissen.
Es gibt mehrere andere verwandte Veilchen-Sorten, die sehr unterschiedliche Orte vom Flachland bis in die Berge besiedeln.

Erkennungsmerkmale

Das Wohlriechende Veilchen gehört zu den früh blühenden Sorten – in warmen Wintern schon ab Februar – und ist die einzige so stark duftende Art. Die Blüten sind dunkelviolett, die rundlichen Blätter glänzend. Es wächst in großen Gruppen, die man dank der frühen Blüte im Frühjahr gut sehen kann.
Andere Veilchen-Sorten blühen später, sind ohne speziellen Duft, heller violett oder sogar weiß oder gelb (eine an Schattenplätzen wachsende Bergsorte). Eine weitere Gruppe bilden die Stiefmütterchen *(Viola tricolor)*, deren Blüten zwei- oder dreifarbig sind.

Pflücken und kochen

Die Blüten des Wohlriechenden Veilchens sind der kulinarisch interessanteste Teil der Pflanze. Dank ihrem faszinierenden Duft und ihrer Farbe werden sie für Sirup und als kandierte Leckereien verwendet oder auch in Essig eingelegt; sehr fein sind sie auch ohne weitere Verarbeitung frisch auf dem Salat oder zu Süßspeisen. Die jungen, noch etwas eingerollten Blätter gibt man zu Salaten, oder man nutzt ihre eindickende Eigenschaft in Suppen und Saucen.
Die Blüten und Blätter aller anderen Veilchen-Arten können in gleicher Weise verwendet werden; die des Stiefmütterchens haben jedoch wegen der in ihnen enthaltenen Salicylsäure einen ausgeprägten Medizingeschmack. Die teils raren Bergveilchen sollten geschont werden.

Verwechslungsgefahr

Die Blätter erinnern an die des Scharbockskrauts; diese sind ganz glatt und im jungen Stadium ebenfalls essbar. Alle anderen Veilchen sind ebenfalls essbar.

Linke Seite: Das Wohlriechende Veilchen zeigt sich schon sehr früh, wenn noch wenig Pflanzen-Konkurrenz da ist.

Es gibt viele Veilchen-Arten; alle sind essbar, auch die *Viola biflora,* eine gelbe Überraschung an schattigen Orten, aber nur wenige sind wohlriechend.
Oben rechts: *Viola tricolor,* das Stiefmütterchen, wächst auch als Unkraut im Garten.

Panna cotta mit Veilchensirup

Für den Sirup:

1 l Veilchenblüten 300 ml Weißwein 700 ml kaltes Wasser 1 EL weißer Zucker wenige Salzkörner	Alles zusammen in ein großes Glas mit Schraubdeckel geben, mit Alufolie umwickeln, damit kein Licht dazukommt, und 4–7 Tage stehen lassen; dabei ab und zu umrühren. Dann durch ein Sieb abgießen und die Blüten auspressen. Den Saft in einen Topf geben.
1 kg weißer Zucker	Dazugeben, unter Rühren aufkochen und nur so lange kochen, bis der Zucker aufgelöst ist.
20 g Zitronensäure	Dazugeben und auflösen. Den Sirup in dunkle Flaschen abfüllen; kühl und dunkel lagern. Am besten vor dem Winter aufbrauchen!

Für die Panna cotta:

500 ml Rahm ½ gestrichener TL Agar-Agar 3 EL Akazienhonig 1 Messerspitze Vanillepulver	Alles in einem hohen Topf unter Rühren zum Kochen bringen und 4 Minuten auf kleinem Feuer weiterkochen. In Portionenförmchen verteilen, mit Klarsichtfolie zudecken und im Kühlschrank mehrere Stunden stocken lassen, dabei nicht bewegen. Zum Servieren die Förmchen umgekehrt halten und mit einem kleinen, spitzen Messer an einer Seite lösen, damit Luft eindringen kann: Der Pudding gleitet dann von selbst aus dem Förmchen. Den Sirup dazu reichen.
1 Handvoll Veilchenblüten	Die Teller damit dekorieren und servieren.

Tipp: Nur die echte *Viola odorata* ergibt den wunderbaren Geschmack. Es braucht allerdings viel davon: ein ganzes Litermaß voll Blüten!

Links: Frisch angesetzter Veilchensirup.
Rechts: Panna cotta mit Veilchensirup, begleitet von etwas Knöterichkompott (Rezept Seite 104).

Familie der Kreuzblütler

Diese große Familie ist kulinarisch eine der interessantesten, da eigentlich alle ihre Gattungen – meist krautige, ein- bis zweijährige Pflanzen – mehr oder weniger essbar sind; eine Ausnahme bilden der Goldlack und die verschiedenen Schöterich-Arten (*Erysimum* spp.), die giftig sind.
Kreuzblütler sind am Geschmack zu erkennen: Dieser erinnert entweder an Kohl (Kabis) oder an Senf beziehungsweise Rettich. Manche haben auch einen ausgeprägten Bittergeschmack, was sie für den Genuss ungeeignet macht.
Obwohl sie im Aussehen sehr unterschiedlich sind, lassen sich einige Gemeinsamkeiten erkennen. Die botanische Blütenbeschreibung lautet: 4 Blütenblätter, 4 Kelchblätter, 6 Staubblätter, davon innen 4 lange und außen 2 kurze; die zweiteiligen Früchte nennt man Schoten, wenn sie länglich sind, und die kürzeren Schötchen.
Zu dieser Familie zählen viele bekannte Kulturpflanzen, jedoch auch bekämpfte »Unkräuter« und dekorative Pflanzen. Man produziert aus ihnen Öl (Raps) und Konserven (Senf, Mostarda).

2

3

4

5

6

7

8

1 Zur Familie der Kreuzblütler gehören neben vielen anderen auch Brokkoli, verschiedene Blattkohl-Arten, Rettich, rotes Senfblatt, Speise- oder Herbstrübe (Räbe), Rucola und Rotkohl. Von allen Pflanzen aus dieser Familie sind Blüten und Knospen essbar, ebenso die sich später entwickelnden Schoten, solange sie noch unreif sind.

2 Meerettichblüten.

3 Rucolablüte.

4/5 Blühender Schwarzkohl.

6 Grundrosette des Barbarakrauts. In diesem Stadium ähneln sich viele Kreuzblütler, und sie schmecken alle nach Kohl oder Senf.

7 Hirtentäschel.

8 Blühendes Rapsfeld.

Knoblauchrauke, Knoblauchhederich

Alliaria petiolata
Kreuzblütler

Habitat

Die Knoblauchrauke wächst am Waldrand, an Weg- und Straßenrändern sowie an schattigen Orten auf nährstoffreichem Boden.

Erkennungsmerkmale

Wie viele Pflanzen aus dieser Familie, sieht auch die Knoblauchrauke je nach Wachstumsstadium sehr unterschiedlich aus. Als Grundrosette sind die Blätter noch rundlich, dunkelgrün bis violett und haben einen langen Blattstiel. Die am später erscheinenden Stängel wachsenden Blätter haben nach oben hin zunehmend kürzere Blattstiele, sind hellgrün und spitzer. Man erkennt die Pflanze zuerst am Geruch: Zerreibt man ein Blatt, riecht es nach Knoblauch. Beim Probieren entwickeln sich nacheinander drei Geschmackskomponenten: Zuerst schmeckt das Blatt nach Knoblauch, dann bitter und schließlich nach Kohl beziehungsweise Wirsing, dem typischen Geschmack vieler Pflanzen aus dieser Familie. Die Knoblauchrauke ist zweijährig; am selben Standort kann man erwachsene, im zweiten Jahr weiß blühende Pflanzen neben einem Teppich aus jungen, eben erst gekeimten antreffen.

Pflücken und kochen

Für fast alle Pflanzen dieser Familie gilt: Beinahe alle Teile der Pflanze sind essbar, wenn sie jung genug gepflückt werden: beginnend mit den jungen Blättern der Grundrosette, später die saftigen Stängelblätter, der oberste Teil des Stiels mit den noch geschlossenen Blüten (wie Brokkoli), die offenen Blüten, die jungen, noch nicht verholzten Früchte. Sogar die Samen können verwendet werden, zum Beispiel für die Ölgewinnung. Man kann die Knoblauchrauke roh zum Salat geben oder als Würzkraut verwenden. Man kann sie auch kochen, dann schmeckt sie jedoch bitterer.
Es ist interessant, eine nach Knoblauch schmeckende Pflanze zu haben, die botanisch gesehen nichts mit diesem zu tun hat; sie kann auch jenen schmecken, die Knoblauch nicht vertragen.

Verwechslungsgefahr

Im ganz jungen Stadium kann man die Pflanze mit dem Veilchen oder dem Scharbockskraut verwechseln. Später können die Blätter der Brennnessel gleichen. Der Geschmack jedoch ist charakteristisch und unverwechselbar.

Die kleinen Blätter der Knoblauchrauke, die den Winter überlebt haben, sind im März von der Kälte noch violett.

Oben links: Die Blätter der Grundrosette haben einen langen Blattstiel (lat. *petiolata* bedeutet »gestielt«).
Oben rechts: Neben ausgewachsenen Pflanzen sprießen schon junge.
Unten links: Auf magerer Erde entwickelt sich die Knoblauchrauke wenig; hier blüht sie schon, und die jungen Schoten sind sichtbar.
Unten rechts: Die sprießende Pflanze zeigt einen dicken Stängel und die ersten brokkoliähnlichen Knospen; die Blätter am Stängel sind zugespitzt.

Hüttenkäse mit Knoblauchrauke

200 g Hüttenkäse
3 EL Knoblauchraukeblätter, sehr fein gehackt
1 EL Gundelrebenblätter (Seite 196), sehr fein gehackt
abgeriebene Schale von ½ Zitrone
1 Prise Kräutermeersalz

Alle Zutaten gut mischen; auf geröstetem Brot, Crackern oder als Dip zu rohem Gemüse servieren. (Bild Seite 137)

Alliaria mit Kürbis und Linsensprossen

½ l Salzwasser

Zum Kochen bringen.

1 Zitrone, abgezogene Schale und Saft
2 Gewürznelken
1 Lorbeerblatt

Gewürze und Zitrone dazugeben.

200 g Kürbis, klein gewürfelt

Darin 10–15 Minuten kochen. Im Sud abkühlen lassen.

100 g Linsensprosse

In Salzwasser 1 Minute kochen und abgießen.

1 Prise Kräutermeersalz
1 EL Apfel-Balsamicoessig
2 EL Haselnussöl
1 EL kaltgepresstes Olivenöl

In einer Schüssel zu einer Sauce mischen.

2 Handvoll Knoblauchhederichblätter, in feine Streifen geschnitten
½ Avocado, klein gewürfelt

Zusammen mit den Linsensprossen und dem abgetropften Kürbis zur Sauce geben und gut umrühren.

Kürbis mit Knoblauchrauke

8 Scheiben fester Kürbis (z.B. Potimaron, Qeensland, Marina di Chioggia) 1–2 EL Olivenöl	In einer Bratpfanne den Kürbis auf beiden Seiten goldbraun braten. Mit Küchenpapier abtupfen und auf eine Platte legen.
1 EL Olivenöl ½ Peperoncino, fein geschnitten	In einer Pfanne im Öl braten.
1 Knoblauchzehe, gepresst	Dazu geben und 15 Sekunden mitbraten, vom Feuer nehmen.
2 Handvoll Knoblauchraukensprosse	Zum aromatisierten Öl geben und lauwarm werden lassen.
1 Prise Kräutermeersalz	Kürbis und Knoblauchrauke würzen. Die Knoblauchrauke auf dem Kürbis verteilen.

Tipp: Man kann den Knoblauch durch Pinienkerne ersetzen.

Brunnenkresse

Nasturtium officinale
Kreuzblütler

Habitat

Die Brunnenkresse wächst entlang Bächen und Gräben, an fließenden, klaren Gewässern. Dank ihrem hohen kulinarischen Wert wurde sie schon ab dem 16. Jahrhundert vor allem in Deutschland und Frankreich angebaut. In der Schweiz wird die einzige funktionierende Anlage in Wynau im Kanton Bern von der Familie Motzet in dritter Generation biologisch bewirtschaftet.

Erkennungsmerkmale

Die Brunnenkresse erkennt man als Erstes an ihrem Standort: An den kriechenden Stängeln bilden sich Wurzeln, die sich im Wasser verbreiten; manchmal schwimmt die Pflanze ganz im Wasser, oft bildet sie größere Kolonien und überwuchert auch Kiesbänke und Felsen. Die glänzenden dunkelgrünen Blätter haben einen typischen pikanten Senfgeschmack, an dem man sie einfach erkennen kann. Im Mai bis Juni entwickeln sich die weißen Blüten.

Pflücken und kochen

Man pflückt die Blätter, die zarten Stängel und die noch halb geschlossenen Blüten am besten mit der Schere, um die Pflanzen nicht auszureißen. Man findet sie fast das ganze Jahr über, doch während der Blütezeit ist sie besonders scharf und etwas bitter. Da die Brunnenkresse in unseren Regionen immer rarer ist, sollte nur an Standorten gepflückt werden, wo sie massenhaft vorkommt. Wichtig ist, das Sammelgut gründlich zu waschen, um eventuell vorhandene Larven eines parasitären Wurms *(Fasciola hepatica)* zu beseitigen, der in der Nähe von Schaf- oder Rinderweiden auftreten kann; Krankheitsfälle sind jedoch sehr selten.
Man genießt die Brunnenkresse am besten roh als Salat, entweder für sich allein, wenn man die Schärfe liebt, oder mit anderen Kräutern gemischt. Gekocht eignet sie sich für Saucen (zum Beispiel zu Fisch), Füllungen oder in Suppen.

Verwechslungsgefahr

Es besteht eine große Ähnlichkeit zwischen der Brunnenkresse und dem ebenfalls essbaren Bitteren Schaumkraut *(Cardamine amara)*, das an den gleichen Standorten wächst. Auch mit anderen, an feuchten Orten gedeihenden Kreuzblütlern könnte die Pflanze jedoch ohne Gefahr verwechselt werden. Wenig wahrscheinlich ist eine Verwechslung mit den giftigen Wasser-Doldenblütlern wie dem Wasserschierling, der nicht schwimmend wächst und dessen Blätter feiner gefiedert sind.

Brunnenkressesalat mit Croûtons

1 Prise Kräutermeersalz ½ EL grober Senf 1 EL Kirschen- oder Himbeeressig 2 EL Olivenöl 1 EL Rapsöl	In einer Salatschüssel zu einer Sauce mischen.
Für die Croûtons: 4 EL Würfel von dunklem Brot 1 EL Bratbutter	Die Butter in einer Bratpfanne schmelzen, die Brotwürfel darin unter Wenden knusprig braten. Auf Küchenpapier abtropfen lassen.
4 Handvoll Brunnenkresse	Die Blätter mit der Sauce mischen. Mit den Brotcroûtons bestreuen.

Tipp: Passt gut zu Fisch, hier Räucherforelle mit Sauerampfersauce (Rezept Seite 109).

Oben links: Auch wir sind darauf hereingefallen: Es ist Bitterschaumkraut und nicht Brunnenkresse!
Oben rechts: In diesem Stadium ist es schwierig zu wissen, ob es sich um *Nasturtium officinale* oder um *Cardamine amara* handelt. Man verwendet sie aber beide auf die gleiche Art.
Unten: Brunnenkresse findet man oft schwimmend in fließenden Gewässern.

Vielstängeliges Schaumkraut, Springkraut, Wiesenkresse

Cardamine hirsuta
Kreuzblütler

Habitat

Dieses Schaumkraut ist im Garten, auf Äckern, im Rebberg und auf Ödland anzutreffen. Als verschmähtes »Unkraut« besiedelt es nährstoffreiche, offene Böden. Das Wiesen-Schaumkraut *(Cardamine pratensis)* gedeiht auf feuchten Wiesen und in lichten Wäldern. Das Spring-Schaumkraut *(Cardamine impatiens)* findet man an schattigen Orten, an Mauern, Wegrändern und im Gebüsch.

Erkennungsmerkmale

Schon im Winter findet man an wärmeren Stellen kleine, runde, dunkelgrüne Kissen. Das Springkraut nutzt die Abwesenheit von Konkurrenten, um mit seiner Grundrosette Gärten und Alleen zu besiedeln. Auch der am Grund stark verzweigte Stängel mit den weißen Blüten entwickelt sich schon früh, ab Februar oder März. Die Blätter sind jenen der Brunnenkresse sehr ähnlich und haben auch einen ähnlichen Geschmack, nur weniger scharf. Später erkennt man die Pflanze daran, dass ihre Samen aus den Schoten springen, nicht selten direkt ins Auge. Wie für alle Kreuzblütler gilt auch hier: Am besten probiert man die Blätter. Sie schmecken nach Kresse, Radieschen, Kohl, die alle Pflanzen der gleichen Familie sind.

Pflücken und kochen

Man pflückt die Blätter der Grundrosette vor der Blüte; sobald die Blütenstängel zu groß sind, werden die Blätter zäh. Das würzige, scharfe Aroma gibt Salaten eine willkommene Geschmacksnote.

Alle anderen *Cardamine*-Arten sind gleichermaßen essbar, so wie fast alle Pflanzen dieser Familie. Von allen Arten kann man auch die noch geschlossenen Blütenköpfe (die Mini-»Brokkoli« gleichen), die offenen Blüten und die unreifen Früchte essen.

Verwechslungsgefahr

Die verschiedenen Pflanzen dieser Familie sind leicht zu verwechseln; sie sind aber im Prinzip alle essbar, wobei einige allerdings sehr bitter sein können. Nicht verwechseln darf man die Pflanze mit dem giftigen Goldlack *(Erysimum cheiri)*, dessen Blätter jedoch weniger eingekerbt sind und die Blüten gelb.

Oben: Anfänglich können die Grundrosetten flach sein. Die Grundrosette von *Cardamine impatiens* (unten links) ist sehr ähnlich.
Unten Mitte: Schon im Februar findet man die kleinen kugelförmigen Gebilde der *Cardamine hirsuta.*
Unten rechts: Sehr schnell werden die Stängel des Schaumkrauts zäh.

Crostini mit Schaumkraut-Frischkäse

1 Ziegenfrischkäse (ca. 100 g)
1 Prise Kräutermeersalz
2 EL Olivenöl
1 EL grober Senf
4 EL Schaumkraut, fein gehackt
1 EL Weinberg-Lauch (Seite 297), gehackt
1 EL Dost (Seite 195) oder Thymian, gehackt

Alles zum Ziegenkäse geben und gut vermischen. Dick auf eine geröstete Scheibe Brot oder auf Karotten- oder Rettichscheiben streichen.

Cardamine-Salat mit Makrele

1 EL Weißweinessig
1 Prise Kräutermeersalz
1 EL grober Senf
1 EL Olivenöl
1 EL Rapsöl
1 TL abgeriebene Zitronenschale
1 EL Weinberg-Lauch, gehackt

Alle Zutaten in einer Salatschüssel zu einer Sauce mischen.

4 blaue Kartoffeln, gekocht und geschält
1 Dose Makrelen in Öl
oder geräucherte Makrele
4 Handvoll Vielstängeliges Schaumkraut

Die Kartoffeln in Scheiben schneiden, den Fisch zerzupfen und zusammen mit den Kräuterblättern zur Sauce geben, gut vermischen.

Rechts: Cardamine-Salat mit Makrele.

Das ebenfalls essbare Wiesenschaumkraut *(Cardamine pratensis)* sieht man meistens erst blühend, da die Grundrosette sehr klein und dunkel bleibt und sich im Gras versteckt.

Silberling, Mondviole, Silberblatt

Lunaria annua
Kreuzblütler

Habitat

Die Garten-Mondviole wird in den Gärten als dekorative Pflanze kultiviert; von dort verwildert sie gerne an abgelegenere Standorte wie Böschungen, unkultiviertes Land und Wegränder. Eine weniger verbreitete verwandte Art, die Wilde Mondviole *(Lunaria rediviva)*, ist eine mehrjährige Pflanze, die man eher an feuchten, schattigen, steilen Stellen, in tiefen Schluchten und engen Tälern antrifft.

Erkennungsmerkmale

Der Silberling ist eine zweijährige, ziemlich kräftige Pflanze: Im ersten Jahr bildet sie eine Grundrosette mit haarigen, herzförmigen Blättern; sehr früh im folgenden Frühjahr wächst daraus ein dicker Stängel, der 30 bis 120 Zentimeter hoch werden kann. In den Blattachseln entwickeln sich die violetten, manchmal auch weißlichen Blütenstände. Nach der Blüte bilden sich die typischen flachen, scheibenartigen Früchte mit den Samen darin; beim Reifen verlieren diese ihre äußeren Schichten, zurück bleibt eine silbern durchscheinende, runde Membran, die der Pflanze nicht nur den Namen gab (neben »Silberling« wird sie auch »Judaspfennig« oder »Judastaler« genannt), sondern auch sehr dekorativ wirkt.

Pflücken und kochen

Man kann bereits im ersten Jahr die Blätter der Grundrosette essen, doch es lohnt sich zu warten: Der junge, im zweiten Jahr wachsende Stängel mit Blättern und Blütenknospen, also wie Brokkoli oder Cima di rapa gepflückt, ist ein Leckerbissen für alle, die Bitteres mögen. Wenn man nicht alle Triebe gepflückt hat, können später auch die Blüten geerntet werden – sie eignen sich als Rohkost oder als dekorative Zugabe – und ebenso die noch zarten grünen Früchte, die einen scharfen, aromatischen, an Radieschen erinnernden Geschmack haben. Die unreifen Früchte können auch in Essig eingelegt werden.

Oben: Im ersten Jahr bringt der Silberling nur ein paar Blätter hervor. Im zweiten Jahr entwickelt sich ein dicker Strunk, von dem viele Verzweigungen ausgehen können (unten links).
Unten Mitte: Die brokkoliartigen geschlossenen Blütenköpfe des Silberlings, bereit zum Ernten – für Liebhaber von Bitterkeit.
Unten rechts: Zurückhaltung wird belohnt, denn auch Blüten und junge Früchte sind eine schmackhafte Knabberei.

Verwechslungsgefahr

Sobald der Stängel sich entwickelt, besteht eine gewisse Ähnlichkeit mit der ebenfalls essbaren Knoblauchrauke, die aber an ihrem Geruch zu erkennen ist.

Rohes Gemüse mit Dips

Eine Rohkostplatte zum Aperitif könnte zum Beispiel so aussehen:
- Blütenstände und junge Früchte vom Silberling; Blütenstände (offene und noch halb geschlossene) von Meerrettich, Wirsing, Kohl, Rucola oder anderen Pflanzen aus der Familie der Kreuzblütler, Bärlauchknospen, Glyzinienblüten
- feine Scheiben oder Stäbchen von Kohlrabi, Karotten (violette, gelbe, rote), Rettich (violetter, weißer, schwarzer), Golden-Rande und Chioggia-Rande (Rote Bete)

Dazu als Saucen zum Beispiel wie auf dem Foto:
- Taubnesseldip, Seite 202
- Hüttenkäse mit Knoblauchrauke, Seite 125
- Gänseblümchenquark mit Lärche, Seite 239

Silberling-Brokkoli mit Mandelsplittern

2 Handvoll junge Silberling-Stängel	In viel kochendem Salzwasser 1–2 Minuten kochen, abgießen und warm halten.
80 g Butter	In einer kleinen Pfanne unter Rühren braun werden lassen, über das Gemüse gießen.
2 EL Mandelsplitter, geröstet 2 Eier, gekocht, in Scheiben geschnitten	Über das Gemüse verteilen und sofort servieren.

Oben rechts: Silberling-Brokkoli mit Mandelsplittern, rechte Seite: Rohes Gemüse mit Dips.

Hirtentäschel

Capsella bursa-pastoris
Kreuzblütler

Habitat

Das Hirtentäschel ist eine kleine Pflanze, die überall anzutreffen ist, am liebsten aber auf gepflügten Feldern und in Gärten, also auf nährstoffreichen Böden, die bearbeitet und ohne Bodenbedeckung gelassen wurden. Da die Pflanze sich mehrmals pro Jahr reproduzieren kann, findet man oft verschiedene Wachstumsstadien nebeneinander.

Erkennungsmerkmale

Während die Pflanze im Blütenstadium leicht zu erkennen ist, ist dies bei der – in erster Linie für die Küche interessanten – Grundrosette viel schwieriger. Die Blätter der Pflanze können nämlich sehr unterschiedlich sein, von ganzrandig bis zu tief eingeschnitten, von grün bis weinrot, manche Rosetten sind flach auf den Boden gespreizt, andere waagrecht stehend. Die Licht suchende Pflanze wird wenige Zentimeter bis zu 40 Zentimeter hoch. Es lohnt sich daher, sich die Standorte der blühenden Pflanze, die leicht an den kleinen herzförmigen Früchten erkennbar ist, zu merken, um die neu sprießenden Pflänzchen zu finden. Wie alle Kreuzblütler ist die Pflanze gut am Geschmack zu erkennen.

Pflücken und kochen

Im Stadium der Grundrosette gepflückt, bevor sich der Blütenstängel entwickelt, ergibt das Hirtentäschel einen hervorragenden Salat, kann aber auch gekocht als Gemüse genossen werden. Es hat einen leichten Kohl- oder Kressegeschmack, der zum Beispiel gut zu Löwenzahn passt. Diesen beiden Pflanzen ist gemeinsam, dass sie in größeren Mengen zu finden und schon früh verfügbar sind, was der Lust auf Grünes im Frühling nach der Winterpause entgegenkommt. Wie bei den anderen Kreuzblütlern kann man im Wachstumszyklus nacheinander auch die jungen Blütensprosse, die Blüten und die noch zarten herzförmigen Früchte genießen; Letztere kann man für eine pikante Dekoration abzupfen, was allerdings viel Zeit und Geduld erfordert.

Verwechslungsgefahr

Im ganz jungen Stadium ist die Grundrosette vielen anderen Pflanzen ähnlich, vor allem solchen aus der Familie der Korbblütler, wie dem Löwenzahn. Bei diesem sind die eingeschnittenen Blattteile jedoch eher gegen die Basis der Pflanze gerichtet, während sie beim Hirtentäschel eher nach außen schauen, und beim Probieren fehlt der bekannte Geschmack der Kreuzblütler.

Oben links: Die junge Rosette des Hirtentäschels in Treibhauskultur.
Oben rechts: Um die Pflanze als Salat zu genießen, sollte die Blüte des Hirtentäschels noch nicht zu weit entwickelt sein.
Unten rechts: An den herzförmigen Schötchen erkennt man das Hirtentäschel gut.
Unten links: Kälte macht schön!

Frühlingsanfangssalat

1 Prise Kräutermeersalz 1 TL grober Senf 1 TL Senf 1 EL Mayonnaise 1 EL Apfelessig 1 EL Olivenöl 1 EL Sonnenblumenöl	Die Saucenzutaten in einer Schüssel mischen.
2 Handvoll Hirtentäschelblätter 2 Handvoll Löwenzahnblätter (Seite 277) 1 Handvoll Wickenspitzen (Seite 157) 1 Handvoll Labkrautspitzen (Seite 220)	Die Blätter je nach Konsistenz 1 mm bis 1–2 cm breit schneiden.
Blüten (Veilchen, Waldnelke, rote Taubnessel usw.) 1 Ei, hart gekocht, klein gewürfelt	Alles mit der Sauce gut vermischen und sofort servieren.

Tipps: Für die festeren, haarigen und/oder bitteren Pflanzen gelten für Salate folgende Regeln: Je älter das Blatt, je trockener das Wetter, je später die Saison, desto feiner sollten die Blätter geschnitten werden. Ich wasche den Salat immer *vor* dem Schneiden, weil sonst zusammen mit den Bitterstoffen auch fast alle Mineralstoffe ausgeschwemmt werden.

Eine kräftige, dichte Sauce hilft zudem, manche zu dominante oder zu bittere Geschmacksnoten von Wildpflanzen etwas zu neutralisieren (siehe auch Seite 276).

Zum Salat passt das Bärlauch-Grünerbs-Püree (Rezept Seite 304).

Fetthenne, Fettkraut

Sedum telephium
Dickblattgewächse

Habitat

Die Fetthenne gehört zu den sukkulenten Pflanzen, die trockene Standorte bevorzugen. Man findet sie auf kiesigem Grund und Schwemmland, an Trockenmauern, auf Felsen, Wegen und Waldlichtungen; man kultiviert sie gerne in vielen Form- und Farbvariationen in Steingärten.

Erkennungsmerkmale

Es gibt viele verschiedene *Sedum*-Arten, unter anderem auch mit sehr kleinen, dichten Blättern, die in Trockenmauern kleine Kissen bilden. Sie sind fast alle essbar, mehrere davon sind aber selten.

Die Fetthenne ist eine mehrjährige, fleischige Pflanze mit großen, ovalen, kahlen, an der Schnittstelle Saft abgebenden Blättern, die an einem rötlichen, leicht zu brechenden Stängel wachsen, der im Sommer sehr dekorative sternförmige Blüten bildet.

Pflücken und kochen

Die Große Fetthenne ist kulinarisch gesehen die beste Art, da schon wenige Blätter eine willkommene knackige Salatzugabe ergeben. Um die Pflanze nicht zu schädigen, pflückt man die einzelnen Blätter oder, wo viele Pflanzen vorhanden sind, wenige Stängel pro Pflanze. Der Geschmack ist relativ neutral, saftig und leicht fruchtig-säuerlich, manchmal etwas zusammenziehend. Als Beilage kann man die Blätter auch kurz in der Pfanne braten, zum Beispiel mit Knoblauch und Sardellen.

Andere gängige kleinblättrige *Sedum*-Arten wie die Weiße Fetthenne oder der Felsen-Mauerpfeffer sind in gleicher Weise verwendbar; der Scharfe Mauerpfeffer *(Sedum acre)* ist nur in kleiner Dosis als Pfefferersatz zu verwenden.

Verwechslungsgefahr

Die verschiedenen Sorten der Großen Fetthenne sind sich sehr ähnlich, alle sind essbar. Über die kleinblättrigen Arten informiert man sich mit Vorteil in der einschlägigen Literatur. Zur gleichen Familie gehört auch die ebenfalls essbare Hauswurz *(Sempervivum tectorum)*, die aber an vielen Orten geschützt oder zumindest rar ist (siehe Seite 142).

Oben: Die verdorrten Blüten des letzten Jahres sind immer noch vorhanden, wenn die fleischigen, großen Blätter der Fetthenne sich neu entwickeln; im Vordergrund das kleinwüchsige *Sedum album*.
Unten links: Die Hauswurz *(Sempervivum tectorum)* gehört zur gleichen Familie; da sie geschützt ist, sollte man sie am besten bei sich im Garten anpflanzen, um ab und zu davon ernten zu können.
Unten rechts: Die große Variante ist eindeutig Fetthenne; im Hintergrund das kleinblättrige *Sedum dasyphyllum*.

Apéro-Spießchen mit Fetthenne

Marinierter Kürbis:

200 ml Weißwein
200 ml Apfelessig
200 ml Wasser
3 Lorbeerblätter, 3 Nelken, 3 Sternanis
2 Knoblauchzehen, in Scheiben geschnitten
abgeriebene Schale von ½ Zitrone
1 Peperoncino, halbiert
1 TL Salz

Alles zusammen zum Kochen bringen.

600–800 g fest kochender Kürbis

In etwa 3 cm große Würfel schneiden, in die Marinade geben und 15 Minuten kochen. Heiß in Gläser abfüllen. Er hält sich kühl gelagert über ein Jahr.

einige Handvoll Fetthenneblätter
4–6 Stücke marinierter Kürbis (siehe oben)
2–3 EL schwarze Oliven, entsteint
4–8 Sardellenfilets, zerkleinert
100 g Blauschimmelkäse, gewürfelt

Abwechselnd auf Zahnstocher stecken und zum Aperitif reichen.

Hauswurz-Artischocke mit Haselnussdip

Eine überraschende Vorspeise

1 EL Haselnussmus 1 Prise Kräutermeersalz schwarzer Pfeffer aus der Mühle 1 EL Wasser	Zu einer geschmeidigen Sauce mischen.
100 ml Schlagrahm	Sorgfältig darunterheben.
4 ganze Hauswurz (im eigenen Garten gepflückt!)	Von den trockenen Blättern befreien und 1–2 Minuten im Dampf garen. Mit dem Dip servieren. Man löst ein Blatt nach dem andern ab und tunkt es in die Sauce.

Wald-Geißbart

Aruncus dioicus
Rosengewächse

Habitat

Der Wald-Geißbart wächst vor allem an Nordhängen an schattigen, feuchten und steilen Orten, im Wald und am Waldrand, Straßen und Bahnborden entlang.

Erkennungsmerkmale

Es ist eine mehrjährige, bis zu 2 Meter hohe Pflanze mit großen gefiederten Blättern. Man findet sie oft in größeren Kolonien. Im Sommer ist der Wald-Geißbart an dem großen, cremefarbigen Blütenstand schon von weitem gut erkennbar. Im Frühjahr weist uns der über den Winter eingetrocknete Blütenstand den Weg: An seinem Grund findet man die weiß bis rosa gefärbten jungen Sprosse. Auch für diese Pflanze gilt also, sich den Platz zu merken, wo sie blüht, um dann im April des folgenden Jahres die Sprosse zu ernten.

Pflücken und kochen

Der leckere Teil dieser Pflanze – die nicht von ungefähr auch Wild- oder Waldspargel genannt wird – ist der junge Spross, der geerntet wird, bevor die Blätter sich allzu stark entwickeln; diese bilden später einen blausäureartigen Stoff, der sie ungenießbar macht. Man schält den Spross und kocht ihn einmal oder, wenn er zu bitter ist, zweimal in Salzwasser ab, bevor man ihn weiterverarbeitet oder direkt genießt. Die vor allem in Italien und im Tessin sehr begehrten Sprosse haben einen feinen Bittermandel- und Artischockengeschmack.

An stärker besuchten und abgeernteten Standorten gilt es, die Umgebung gut zu beobachten und achtsam mit der Natur umzugehen, das heißt nicht zu viele Triebe der Pflanze zu ernten, damit sie nicht Gefahr läuft auszusterben. In manchen Gebieten (z.B. Lombardei) ist sie sogar geschützt, da sie rar geworden ist.

Verwechslungsgefahr

Die Blüte könnte von weitem mit jener des zur gleichen Familie gehörenden Mädesüß *(Filipendula ulmaria)* verwechselt werden; dieses wächst jedoch vor allem an Kanälen und Wasserläufen; es wird in der Küche vor allem als aromatisierende Zutat verwendet.

Linke Seite: Das ideale Pflückstadium des Wald-Geißbarts: Die Blätter sollen noch nicht stark entwickelt sein.

Oben links: Die weißen Wedel der Blüten sieht man von weitem; in dieser Phase ist der Wald-Geißbart nicht mehr essbar.
Oben rechts: Dank der rötlichen Farbe tarnen sich die jungen Sprosse des Wald-Geißbarts im Wald.

Geißbartsalat mit Mandelöl-Vinaigrette

60 g Vollkorn-Langkornreis
In der doppelten Menge Wasser ohne Salz 30–40 Minuten kochen, dann auf der abgeschalteten Herdplatte noch 30 Minuten quellen lassen, auskühlen.

2–3 Handvoll Geißbartsprosse
Den unteren Teil schälen. In Salzwasser gar kochen (3–5 Minuten), abgießen und in 2 cm große Stücke schneiden.

Für die Sauce:
1–2 Prisen Kräutermeersalz
schwarzer Pfeffer mit Orangenaroma
1 EL Zitronensaft
1 EL Sherry
1 EL Olivenöl
2 EL geröstetes Mandelöl
1 EL Mayonnaise
Alle Zutaten zu einer Sauce mischen. Mit Reis und Sprossen gut vermengen.

1 EL geröstete Mandelsplitter
Über den Salat streuen. Nach Belieben mit Blütenblättern (auf dem Foto Waldnelke) dekorieren.

Waldspargeln mit Spiegelei

4 Handvoll Geißbartsprosse	Den unteren Teil schälen. In Salzwasser gar kochen (3–5 Minuten), abgießen und warm halten.
60 g Butter	In einer Pfanne erwärmen.
4 Eier	Einzeln in die Pfanne geben und bei mittlerer Hitze braten, bis das Eiweiß gestockt ist und einen knusprigen Rand bekommt.
1 Prise Salz	Die Spiegeleier salzen und zusammen mit der gebratenen Butter auf den Geißbartsprossen verteilen.

Wald-Geißbart mit Spiegelei, dazu Gerstotto mit Giersch (Rezept Seite 180).

Familie der Hülsenfrüchtler

Zu dieser Familie gehören krautige und Schlingpflanzen, Sträucher und Bäume, die auf der ganzen Erde verbreitet sind. Typisch sind ihre Früchte, die Hülsenfrüchte, die sich bei der Reife an den Nähten öffnen und so die Samen (Bohnen) freigeben. Ein weiteres Merkmal ist ihre Fähigkeit, mit Hilfe von Mikroben, die in Symbiose mit ihr auf ihren Wurzeln leben, Stickstoff im Boden zu binden und so düngend zu wirken. Generell gilt für die ganze Familie, dass mit Ausnahme von wenigen Sorten (auch bei diesen nur in kleinen Mengen zu empfehlen) Blätter, Hülsen und Bohnen roh nicht essbar und giftig sind. Aus den Samen gezogene Sprosse oder in gekochter Form sind Hülsenfrüchte jedoch seit jeher eine willkommene Eiweißergänzung in unserer Nahrung, vor allem in Kombination mit Getreide. Aber aufgepasst: Lang nicht alle wilden Arten dieser Familie sind essbar, viele bleiben auch nach Erhitzen giftig!
Folgende bekannte Pflanzen gehören ebenfalls zur Familie der Hülsenfrüchtler: Tamarinde, Judasbaum, Johannisbrot, Erdnuss, Lakritze, Lupine, Klee, Soja, Glyzinie sowie alle uns bekannten Hülsenfrüchte (siehe unten).

1

2

3

4

5

6

7

1 Auch Glyzinienblüten sind essbar. Man verwendet sie wie die Robinie.

2 Feuerbohne mit der für diese Familie typischen Blütenform.

3 Klee (*Trifolium* spp.). Die gezupften Blüten sind eine feine und schöne Zutat zum Salat.

4 *Melilotus albus,* Weißer Honigklee. Getrocknet ist sein Duft noch stärker.

5 *Lathyrus pratensis,* Wiesen-Platterbse. Dank den Ranken kann die Pflanze sich emporwinden. Man verwendet sie wie die Wicke.

6 *Cercis siliquastrum,* Judasbaum. Die essbaren Blüten wachsen direkt am Stamm.

7 *Medicago sativa,* Saat-Luzerne. Die jungen Triebe sind gekocht essbar.

Robinie, Scheinakazie

Robinia pseudoacacia
Hülsenfrüchtler, Schmetterlingsblütler

Habitat

Die von Nordamerika importierte Robinie ist heute in der ganzen alten Welt heimisch. Dieser starkwüchsige Baum besiedelt dank seiner Anpassungsfähigkeit sehr unterschiedliche Standorte vom Flachland bis in die Täler. Da er sehr schnell wächst und die einheimische, weniger konkurrenzfähige Vegetation verdrängt, gilt er als invasive Pflanze. Andererseits wird die Robinie wiederum gezielt vor allem zur Holzgewinnung angepflanzt.

Erkennungsmerkmale

Die Robinie ist ein Laubbaum, der bis zu 25 Meter hoch wird und in großen Kolonien wächst; dort wo man das Wachstum durch Rodung oder Feuer unterbinden wollte, sind diese noch dichter, da sie in diesem Fall auch noch aus den Wurzeln treibt. Sie blüht im Mai während einer relativ kurzen Zeit und verbreitet aus ihren langen, weißen Blütentrauben einen starken, süßlichen Duft.
Akazienhonig ist wegen seiner hellen Farbe und dem relativ neutralen, feinen Geschmack sehr beliebt. Das Holz wird gerne für Gartenmöbel verwendet, da es sehr resistent ist, und ergibt auch ein gutes Brennholz.

Pflücken und kochen

Der interessanteste Teil dieser Pflanze sind die Blüten, die man gekocht – im Ausbackteig, in Kuchen und Pudding – oder roh als Zugabe zu süßen oder salzigen Salaten verwendet. Auch die jungen Blätter, vom zentralen Stiel befreit, sowie die noch grünen Hülsenfrüchte können als Gemüse gegessen werden; sie müssen aber immer gekocht werden! Der Geschmack der Blüten ist süßlich duftend mit einem bohnenartigen Nachgeschmack – nur die Natur schafft eine solch harmonische Verbindung von Honig und Erbse!

Verwechslungsgefahr

Gefährlich wäre die Verwechslung mit dem hochgiftigen Goldregen *(Laburnum);* seine in der Form ähnlichen Blüten sind aber gelb und die Blätter dreiteilig.

Rechte Seite:
Oben: Blühender Akazienbaum.
Unten links: Die Blüten der Robinie hängen in dichten Trauben oft weit oben.
Unten rechts: Auf dem gleichen Blütenstand findet man noch geschlossene und schon offene Blüten. Aufgepasst auf die Bienen!

Robinienknospen mit Haselnussöl

1 Prise Kräutermeersalz
1–2 TL Zitronensaft
1 EL Sherry
1 EL Haselnussöl
1 EL mildes Sonnenblumenöl

Die Zutaten zu einer Sauce mischen.

3–4 Handvoll Akazienblütenknospen (siehe Tipp)

Vom Stiel befreien und im Dampfeinsatz 1 Minute über Dampf garen. Sobald sie etwas abgekühlt sind, mit der Sauce mischen und sofort als Vorspeise oder zum Aperitif servieren.

Tipp: Zu den wenigen Produkten, die ich konserviere, gehören die Akazienblütenknospen, da ihre Blütezeit so kurz ist und man davon reichlich findet. Man wählt Blütendolden, deren Blüten noch geschlossen, jedoch kurz vor dem Aufgehen sind. Nach dem Kochen über Dampf kann man sie einfrieren. Die Sauce erst nach dem Auftauen dazugeben.

Erdbeeren mit Akazienblüten

1 EL Akazienhonig
1 EL Zitronensaft

In einer Schüssel mischen.

200 g Erdbeeren, geviertelt

Zur Sauce geben und 15 Minuten marinieren.

3 Handvoll Akazienblüten

Zum Fruchtsalat geben. Nach Belieben mit frittierten Akazienblüten (siehe Tipp) und etwas Akazienhonig garnieren.

Tipps: Passt gut zu einer Quarkcreme, zu Panna cotta, zu Fichtensprossensauce (Seite 33) oder zu Eiscreme.
Die frittierten Akazienblüten bereitet man mit demselben Ausbackteig zu wie die Holunderblüten auf Seite 228.

Rechts: Frittierte Akazienblüten, begleitet von Erdbeeren mit Akazienblüten und beträufelt mit Akazienblütenhonig.

Links: Robinienknospen und Rapunzelblüten (Rezept Seite 218), beide mit Haselnussöl.

Wicke

Vicia cracca, V. sativa, V. sepium,V. hirsuta
Hülsenfrüchtler, Schmetterlingsblütler

Habitat

Die Wicke ist eine krautige Pflanze, die halb kletternd auf Wiesen, in Gärten, auf Äckern, auf Brachflächen und Hecken entlang gedeiht.

Erkennungsmerkmale

Es gibt viele verschiedene Arten der Gattung Wicke, die bekanntesten sind Vogel-Wicke, Zaun-Wicke und Futter-Wicke. Alle Wicken haben die Eigenart, sich an die Nachbarpflanzen oder an Heckenpflanzen zu hängen, um sich aufrecht zu halten. Dafür nutzen sie am Ende ihrer gefiederten Blätter wachsende feine Ranken, die sich um alles Erreichbare winden; der Stängel wäre allein nicht kräftig genug, um so hoch hinaufzuragen. Die Blüten haben die typische Form der Schmetterlingsblütler (siehe Bild) und sind bei den eingangs erwähnten Arten blau bis violett, bei anderen Sorten jedoch auch weiß oder gelb; sie sind je nach Art einzeln, zu zweit oder als ganze Gruppe um einen gemeinsamen Stiel angeordnet.

Pflücken und kochen

Die jungen Triebspitzen der Wicke sind eine schmackhafte Zutat zu den ganz frühen Frühlingssalaten; später kocht man sie für schmackhafte Beilagen, oder man gibt sie zu Suppen, Kuchen oder Frittate. Die noch jungen Blütenstände können in kleineren Mengen roh gegessen oder mit den jungen Blättern zusammen gekocht werden. Der Geschmack erinnert an Erbsen und Bohnen.

Verwechslungsgefahr

Mögliche Verwechslungen zwischen den verschiedenen Wicken-Arten sind völlig gefahrlos, da alle genießbar sind; einige können allerdings zäh sein. Man kann sie auch mit den in gleicher Weise verwendbaren Platterbsen-Arten (*Lathyrus* spp.) verwechseln (siehe Seite 150); diese haben meist geflügelte Stiele und längere Blätter. Andere Schmetterlingsblütler erkennt man an den fehlenden Ranken am Blattende.

Linke Seite: *Vicia sativa,* Futter-Wicke. Typisch sind die Blüten und die Ranken am Ende der Blätter.
Oben: Sammelgut: *Vicia sepium,* Zaun-Wicke, *Vicia sativa,* Futter-Wicke und *Vicia hirsuta,* Rauhaarige Wicke.

Oben links: *Vicia sepium,* Zaun-Wicke. Meistens finden sich auf den jungen Wickentrieben Ameisen. Oben rechts: Wenn keine Stütze da ist, hält sich die Wicke an ihrer Nachbarin. Unten: *Vicia cracca,* Vogel-Wicke. Wicken klettern an allem hinauf.

Wicke mit Speck

1 kleine Zwiebel, in Ringe geschnitten 60 g Räucherspeck, gewürfelt 1 EL Bratbutter	In eine warme Pfanne geben, Zwiebel und Speck darin auf mittlerem Feuer anbraten.
4–6 Handvoll Wickensprosse	In wenig Salzwasser 3–5 Minuten kochen (probieren, da sie sehr unterschiedlich zart sein können), abgießen und zur Zwiebel-Speck-Mischung geben.
1 TL Gemüsebrühepulver 50 ml Weißwein	Dazugeben und unter Wenden noch ein paar Minuten kochen. Als Beilage, zu Pasta oder lauwarm als Vorspeise servieren. (Bild Seite 248)

Blühende Wicke mit Fave

1 Prise Kräutermeersalz 1 EL grober Senf 1 EL Sherryessig 2–3 EL Olivenöl 2 Zweiglein Minze, gehackt	Alle Zutaten in einer Salatschüssel zu einer Sauce mischen.
2 Topinambur	Im Dampf zirka 20 Minuten kochen, schälen und in Scheiben schneiden.
4 Handvoll blühende Wickentriebe	In wenig Salzwasser ein paar Minuten kochen, abseihen und auskühlen lassen.
1 Handvoll frische Fave (Saubohnen), geschält	1 Minute in wenig Salzwasser kochen.
1 rote Zwiebel, in dünne Scheiben geschnitten 2 blaue Kartoffeln, gekocht und gewürfelt	Alle Zutaten zur Sauce geben und als Vorspeise servieren.

Wald- oder Schmalblättriges Weidenröschen, Stauden-Feuerkraut

Epilobium angustifolium
Nachtkerzengewächse

Habitat

Das Weidenröschen ist eine Pionierpflanze, die gerne Brachflächen besiedelt. Es ist vom Flachland bis auf 2000 Meter Höhe zu finden und gedeiht auf Waldlichtungen, an schattigen und feuchten Orten, aber auch auf felsigen Böden, auf Kies und in Wassernähe. Nach einem Waldbrand ist es eine der ersten wieder wachsenden Pflanzen.

Erkennungsmerkmale

Das Weidenröschen wächst oft in großen Kolonien. Der kahle, eckige Stängel ist meist unverzweigt und 50 bis 150 Zentimeter hoch, in nährstoffreicher Erde auch mehr. Die langen, lanzettförmigen Blätter wachsen wechselständig um den Stängel; ihre markant geäderte Unterseite ist von heller, blaugrauer Farbe, der Blattrand ist nach unten gebogen. Sobald das Weidenröschen ab Juni bis August blüht, ist es einfacher zu erkennen: Die langen, spitzen, rosa oder purpurnen Blütenstände sieht man schon von weitem. Um die für kulinarische Zwecke am meisten interessierenden jungen Triebe zu finden, muss man die Standorte kennen. Ab April oder in höheren Lagen ab Mai sprießen die rötlichen Stängel gerade aus dem Boden; die noch kleinen Blätter sind anliegend. Beim Schneiden tritt ein etwas schleimiger Pflanzensaft aus.

Pflücken und kochen

Man pflückt vor allem die ersten, noch elastischen Sprosse, bevor sie verholzen, und verwendet sie wie Spargeln, den unteren Teil geschält, gekocht als Salat oder zu Risotti und Suppen; sie haben eine etwas schleimige Konsistenz, die gut als Bindemittel dient. Der Geschmack ist säuerlich, etwas zusammenziehend und manchmal leicht bitterlich. Auch junge Blätter, eventuell gehackt, Blütenknospen und offene Blüten, können roh oder gekocht als Gemüse oder als essbare Dekoration verwendet werden.

Verwechslungsgefahr

Alle in Europa wachsenden *Epilobium*-Arten sind grundsätzlich essbar; viele davon sind jedoch kleine Pflanzen und deshalb weniger interessant. Während der ersten Wachstumsphase ist in Bergwäldern eine Verwechslung mit dem Hasen-Lattich oder Purpur-Lattich *(Prenanthes purpurea)* möglich, dessen Blätter umfassen jedoch den Stängel.
Siehe auch *Solidago canadensis* (Seite 235).

Oben links: Die rötlichen Sprosse des Weidenröschens wachsen aus dem noch winterkahlen Boden.
Oben rechts: Die Blüten kann man dem Salat beimischen.
Unten: Das Weidenröschen bildet große Kolonien.

Quinoa mit Weidenröschensprossen

100 g Quinoa
200 ml Wasser
1 TL Gemüsebrühepulver

Alles zusammen aufkochen, die Hitze reduzieren und zugedeckt, ohne zu rühren, kochen, bis keine Flüssigkeit mehr sichtbar ist. Auf der abgeschalteten Herdplatte 15 Minuten quellen lassen, dann leicht mit einer Gabel auflockern.

2 Handvoll Weidenröschenschösslinge

Bei größeren Schösslingen den unteren Stängelteil schälen. Die Schösslinge in wenig Salzwasser 5 Minuten kochen, abgießen und in 1 cm lange Stücke schneiden. Zum Quinoa geben.

1 EL Weinberg-Lauch, fein geschnitten
1 Prise Kräutermeersalz
1 Zitrone, abgeriebene Schale und Saft
3 EL geröstetes Baumnussöl

Zu einer Sauce mischen und mit dem Quinoa vermengen.

Zweijährige Nachtkerze, Schinkenwurz, Gelbe Rapunzel, Nachtschönheit

Oenothera biennis
Nachtkerzengewächse

Oben: Die dicken Wurzeln der einjährigen Pflanze.

Habitat

Die Nachtkerze kolonisiert verlassene und abgelegene Standorte, kiesige Flussufer und Abhänge, Wegränder und im Allgemeinen sonnige und trockene Lagen. Da sie zweijährig ist und zum Keimen den gestörten Boden braucht, ist sie nach ein paar Jahren oft nicht mehr am gleichen Ort zu finden. Die Nachtkerze wurde früher als Gemüse angepflanzt; heute findet vor allem das Öl aus ihren Samen als Ernährungsergänzung Verwendung.

Erkennungsmerkmale

Im ersten Jahr bildet sich eine sehr dekorative, dichte Grundrosette mit länglichen, regelmäßigen Blättern mit einem silbrigen Zentralnerv und oft rötlichen Spitzen und Blatträndern. Im zweiten Jahr bildet sich aus dieser Rosette, die inzwischen eine dicke, fleischige, rosarote Pfahlwurzel bekommen hat (daher auch der Name Schinkenwurz oder Gärtners Schinken), der bis zu 2 Meter hohe Blütenstängel. Im unteren Bereich sitzen die Blätter, weiter oben entwickeln sich viele gelbe Blüten, die sich gegen Abend mit einer verblüffenden Geschwindigkeit öffnen; sie verblühen spätestens nach 30 Stunden. Dafür ist die Blütezeit der Pflanze insgesamt sehr lang; man kann diesem Blühwunder ab Ende Juni bis in den September hinein zuschauen.

Pflücken und kochen

Im ersten Jahr kann man einige der jungen Blätter als Salatzutat verwenden. Im Winter und bis in den Frühling erntet man die Wurzel, dies natürlich nur an Standorten mit sehr vielen Pflanzen; man kann sie roh, geraffelt (zum Beispiel zusammen mit Karotten) als Salat oder gekocht, in Saucen, als Gratin oder gebraten als Beilage servieren. Sie hat einen feinen Geschmack und wird am besten mit anderen Zutaten gemischt, da sie manchmal im Hals leicht kratzt; diese Eigenschaft haben auch die Blätter. Eine wahre Freude sind die Blüten: Offene Blüten können mit verschiedenen Massen wie Frischkäse, Ricotta, Thunfischmousse oder Kräuterschaum gefüllt werden. Noch geschlossen kann man sie, ganz kurz im Dampf gegart, warm oder kalt servieren oder kurz in der Bratpfanne wenden (z.B. mit asiatischen Gewürzen).

Verwechslungsgefahr

Mögliche Verwechslungen mit anderen *Oenothera*-Arten, die oft kleinere Blüten haben, sind unproblematisch, da sie auch essbar sind. Von weitem kann sie mit der Königskerze (*Verbascum* spp.) verwechselt werden, die jedoch sehr haarige, filzige Blätter hat.

Gefüllte Nachtkerzenblüten

Für die Füllung:
1 EL Bärenklaustängel (Seite 181), in feine Scheiben geschnitten
1 EL Brutzwiebeln des Weinberg-Lauchs (Seite 297)
6 EL weicher Ricotta oder Quark
1 Prise Kräutermeersalz
evtl. 1 EL gemahlene Brotbrösel

Die Zutaten für die Füllung vermischen und abschmecken.

12 offene Nachtkerzenblüten

Mit Hilfe eines Löffels die Blüten füllen und beiseite stellen.

2 Handvoll Nachtkerzenblütenknospen

Über Dampf 1 Minute garen, auskühlen lassen.

1 Prise Kräutermeersalz
1 EL Zitronensaft
2 EL Orangen-Olivenöl

Die Saucenzutaten mischen und die gekochten Knospen darin marinieren. Mit den gefüllten Nachtkerzenblüten als Vorspeise oder zum Aperitif servieren.

Gebratene Nachtkerzenwurzeln

2 Handvoll Nachtkerzenwurzeln (siehe Tipp)

Die Wurzeln sauber bürsten und in Scheiben schneiden.

2–3 Karotten, in Scheiben geschnitten
2 EL Olivenöl

In eine warme Bratpfanne geben, das Gemüse dazugeben und zugedeckt auf kleinem Feuer 10 Minuten braten, dabei öfter wenden, damit es gleichmäßig anbrät.

1 Prise Kräutermeersalz
50 ml Weißwein

Beifügen und weitere 5 Minuten dünsten, bis der Wein verdampft ist. Als Beilage servieren.
(Bild Seite 248)

Tipp: Die Wurzel pflücken, bevor sich der Stängel entwickelt. Die zentralen Rosettenblätter können mitgekocht werden.

Oben: Die Grundrosette der Nachtkerze im ersten Jahr.
Unten links und Mitte: Die Nachtkerze blüht im zweiten Jahr.
Die Blüten öffnen sich abends in verblüffender Geschwindigkeit.
Unten rechts: Als Pionierpflanze kolonisiert die Nachtkerze Kiesgelände.

Familie der Doldenblütler

Zu den Doldenblütlern, die ihren Namen von der typischen Blütendolde haben, gehören bekannte Gemüsesorten und deren essbare Wildformen, aber auch einige sehr giftige Pflanzen wie zum Beispiel der Schierling oder die Hundspetersilie. Die Unterschiede sind oft nur an sehr kleinen Details zu erkennen, was den Umgang mit dieser Pflanzengruppe erschwert. Es gibt selbst Botaniker, die bei den fein gefiederten Arten die Hand nicht ins Feuer legen würden, da hier Verwechslungen sehr häufig und leicht möglich sind.

Kurz gesagt: Giersch, Bärenklau, Engelwurz und Meisterwurz sind einfach erkennbar, wenn man alle Merkmale berücksichtigt. Doch schon beim Wiesen-Kerbel *(Anthriscus silvestris)* wird es schwieriger, da seine Blätter fiederteilig sind (wie etwa bei der Petersilie), so dass auch ich dann immer noch fachlichen Rat suche.

In letzter Zeit ist oft die Rede vom Riesen-Kerbel oder Riesen-Bärenklau, *Heracleum mantegazzianum:* Sein Saft löst auf der Haut eine photosensible Reaktion aus, die zur Folge hat, dass es unter dem Einfluss von Sonnenlicht zu Verbrennungen kommt. Bei Kontakt mit dem Pflanzensaft ist es wichtig, zuerst die betroffene Hautstelle abzuwaschen und dann durch Kleidung oder gar einen Verband vor Licht (Sonne) zu schützen; so heilt die Wunde nach ein paar Tagen von selbst. Die gleiche Reaktion kann sehr selten auch beim Wiesen-Bärenklau *(Heracleum sphondylium)* auftreten.

1

2

3

4

5

6

7

8

9

1 Früchte und Kraut vieler Doldenblütler aromatisieren unsere Speisen. Von oben links im Uhrzeigersinn: Waldengelwurz, Fenchel, Liebstöckel, Koriander, Kala Jeera *(Bunium bulbocastanum)*, Ajowan, Kreuzkümmel, Kümmel, Anis, Bärenklau, Sellerie, Wilde Möhre, Dill.
2 Bekannte Gemüse aus dieser Familie.
3 Fenchelkraut.
4 Liebstöckel.
5 *Daucus carota,* die Wilde Möhre.
6 *Myrrhis odorata,* Süßdolde aus meinem Garten.
7 *Peucedanum ostruthium,* Meisterwurz, früher als Suppengemüse verwendet.
8 Die in Wassernähe wachsende aromatische Waldengelwurz *(Angelica sylvestris)*.
9 Kümmel *(Carum carvi)*, eine grazile Erscheinung.

Wiesen-Kerbel

Anthriscus sylvestris
Doldenblütler

Habitat

Der Wiesen-Kerbel wächst in großen Beständen auf nährstoffreichen Bergwiesen, in tieferen Lagen ist er eher an schattigen Standorten anzutreffen, etwa an Wiesenrändern oder in der Nähe von Hecken.

Erkennungsmerkmale

Der Wiesen-Kerbel ist eine der äußerst schwierig zu bestimmenden Pflanzen aus der Familie der Doldenblütler, für die auch ich vor der Verwendung immer noch eine Fachperson konsultiere. Seine Merkmale sind folgende: Der Stängel ist hohl, gefurcht, im unteren Teil den Rippen entlang weißlich behaart, im Schnitt sternförmig, ohne rote Flecken und unter dem Blattansatz nicht verdickt. Die Blätter sind tief eingeschnitten, als Ganzes breit-dreieckig, kahl, auf der Oberseite glänzend hellgrün und auf der Unterseite matt. Die Pflanze riecht leicht nach Karotten. Für weitere Merkmale müsste man schon die kleinen Hüllchenblätter unterhalb der Blüten oder die Schnäbel am Ende der Samen zu Rate ziehen. Es lohnt sich, verschiedene botanische Bestimmungsbücher zu konsultieren.

Pflücken und kochen

Alle zarten Teile wie die jungen Blätter und Triebspitzen sowie die Blütenknospen kann man gut verwenden, vor allem roh zum Beispiel für Salate, denen sie einen aromatischen Grundgeschmack geben. Die gehackten Blütenknospen schmecken fein, auf ein Butterbrot gestreut. Der Wiesen-Kerbel schmeckt leicht nach Karotte und Anis. Die Samen kann man wie Kümmel als aromatisierende Zutat verwenden.

Verwechslungsgefahr

Der Wiesen-Kerbel ist leicht zu verwechseln mit hoch giftigen Doldenblütlern wie der Hundspetersilie *(Aethusa cinapium)* oder dem Gefleckten Schierling *(Conium maculatum)*, die jedoch beide weniger häufig und an anderen Standorten vorkommen, aber auch mit verschiedenen Kälberkropf-Arten (*Chaerophyllum* spp.) und generell mit anderen Pflanzen der gleichen Familie.

Oben: Ganz junge Blätter als Sammelgut.

Rechte Seite:
Oben links: Wiesen-Kerbel-Blüten mit jungen Früchten.
Oben rechts: Der gefurchte Stängel ist im unteren Teil weißlich behaart.
Unten links: Der blühende Wiesen-Kerbel überragt oft die anderen Wiesenkräuter.
Unten rechts: Die Grundblätter breiten sich zuerst flach aus.

Giersch, Baumtropf, Geißfuß

Aegopodium podagraria
Doldenblütler

Habitat

Der Giersch ist eine typische Randpflanze, er liebt schattige Orte und findet sich dort, wo die Landschaft sich verändert, aber auch an unbewirtschafteten Stellen, unter Hecken und Büschen sowie in Gärten. Er wächst immer in Gruppen, da er sich über die Wurzeln verbreitet. Weil jedes kleinste Stück Wurzel neu austreibt, ist er kaum auszurotten und bei Gartenbesitzern entsprechend verhasst. Die Hartnäckigkeit dieser Pflanze hat angesichts ihrer kulinarischen Qualitäten jedoch durchaus ihren Sinn.

Erkennungsmerkmale

Ein Merkmal dieser Pflanze ist die Zahl drei beziehungsweise die dreieckige Form: Bevor sich die weißen Blüten zeigen, erkennt man den Giersch an den langen, dreieckigen Blattstielen, die sich oben in drei Teile und dann diese nochmals in zwei oder drei kleinere Abschnitte teilen. An diesen sitzen die ovalen, haarlosen Blättchen. Die ganz jungen Blätter sind noch hellgrün. Ihr Geschmack erinnert an Sellerie, Karotten oder Fenchel, die alle seine Verwandten sind.

Pflücken und kochen

Der Giersch zählt zusammen mit der Brennnessel zu den nahrhaftesten Pflanzen überhaupt, und sie wachsen beide rund ums Haus. Man pflückt die jungen, noch zarten Blätter, solange sie noch glänzend und leicht gefaltet sind, und zwar mitsamt dem ganzen Blattstiel, der unten oft eine schöne violette Farbe aufweist. Man kann sie fein geschnitten roh dem Salat beigeben oder die ganzen Blätter zuerst im Dampf 3 bis 4 Minuten garen und dann zu einem Salat verarbeiten. In den letzten 5 Minuten Kochzeit einer Suppe oder einem Risotto beigegeben, sind sie eine Delikatesse. Auf die gleiche Weise verwendet man die halbgeschlossenen Blüten mit einem zarten Stück Stängel daran.

Verwechslungsgefahr

Diese Merkmale sind zu beachten: das Habitat, die Dreiteilung der Blätter (nicht fein gefiedert wie bei Karotte oder Petersilie) und der dreieckige Stiel sowie die Verbreitung: Es finden sich immer viele Pflanzen an einem Standort.
Vergleiche mit *Angelica sylvestris* und *Peucedanum ostruthium* (siehe Seite 166).

Aus dem runden Pflanzenstängel entwickelt sich die Blüte: in diesem Stadium eine Delikatesse.

Giersch mit der typischen Dreiteilung.
Links: Das junge Blatt ist heller und noch zusammengefaltet.
Oben: Auch der lange, ebenfalls essbare Blattstiel ist dreieckig.
Unten: Der Giersch breitet sich aus wie ein Teppich.

Hochzeitssalat

Nicht ganz geöffnete Gierschblütendolden, vom harten Stiel befreit, und andere Blütenblätter, z.B. Schlafmohn, Beinwell, Jungfer in Grün, Borretsch, Katzenauge, Lavendel, Stiefmütterchen, angerührt mit einer Salatsauce nach Wunsch.

Gierschblütenknospen mit Frischkäse

1 Prise Kräutermeersalz 1 EL grober Senf 1 EL Zitronensaft 2 EL Olivenöl 1 EL Zitronen-Olivenöl viel schwarzer Pfeffer	Alle Zutaten in einer Schüssel zu einer Sauce mischen.
1 Handvoll halb geschlossene Gierschblüten, mit einem Stück Stängel gepflückt	Im Dampf 5 Minuten garen und auskühlen lassen.
1 schnittfester Frischkäse (z.B. Robiola)	In Scheiben schneiden und mit dem Giersch schichtweise auftürmen. Alles mit der Sauce beträufeln und nach Belieben mit Kleeblüten dekorieren.

Kartoffelsalat mit jungem Giersch

1 Prise Kräutermeersalz
1–2 EL Weißweinessig
1 EL grober Senf
2 EL Olivenöl
1 EL Rapsöl
1 EL Zitronen-Olivenöl
¼ Knoblauchzehe, gepresst

Alle Zutaten in einer Schüssel zu einer Sauce mischen.

4–6 Kartoffeln, gekocht, in Scheiben geschnitten
1 Handvoll Gierschblätter, sehr fein geschnitten
1 Bund Weinberg-Lauch (Seite 297), gehackt

Alles zusammen mit den Kartoffeln zur Sauce geben und gut vermischen. Vor dem Servieren eventuell noch etwas ziehen lassen.

Drei rohe Kräutersalate: hinten links Kartoffelsalat mit jungem Giersch, rechts Belugalinsen mit Wiesen-Kerbel (Rezept Seite 170), vorne Alliaria mit Linsensprossen (Seite 125).

Gedämpfter Giersch mit blauen Kartoffeln

1 Prise Kräutermeersalz	
1–2 EL Zitronensaft	
1 EL grober Senf	
2 EL Olivenöl	
1 EL Haselnussöl	
1 EL Zitronen-Olivenöl	
¼ Knoblauchzehe, gepresst	Alle Zutaten zu einer Salatsauce mischen.
3–4 blaue Kartoffeln	Im Dampf weich kochen, schälen und in Scheiben schneiden.
2 Handvoll junge Gierschblätter mit Blattstiel	Im Dampf 3 Minuten garen, in Stücke schneiden, zusammen mit den Kartoffeln zur Sauce geben und lauwarm oder kalt servieren.

Kichererbsensprosse in Gierschsauce

1 Schalotte, fein gehackt 2 EL Olivenöl	In einer Pfanne erhitzen und die Schalotte darin 3–4 Minuten auf kleinem Feuer andünsten.
1 EL Mehl	Dazugeben und nochmals kurz rösten.
100 ml Wasser 100 ml Weißwein 1 EL Gemüsebrühepulver 2 Lorbeerblätter	Dazugeben und 10 Minuten bei schwacher Hitze kochen und eindicken lassen.
200 g Gierschblätter, fein geschnitten 300 g Kichererbsensprosse	Alles zur gebundenen Sauce geben und 6 Minuten kochen lassen. Zu Getreide (Reis, Bulgur, Gerste) servieren.

Gierschsuppe

1 rote Zwiebel, gehackt 2 Karotten, verschiedenfarbig, gewürfelt 1 Selleriestange, gewürfelt 1 EL Olivenöl	In einen erwärmten Topf geben und das Gemüse darin lang und langsam anbraten, bis es etwas karamellisiert.
1½ l Wasser 1 EL Gemüsebrühepulver	Dazugeben und zum Kochen bringen.
200 g Kürbis (oder Kartoffeln), gewürfelt	Dazugeben und 15 Minuten kochen lassen.
400 g Gierschblätter, ½ cm breit geschnitten	Dazugeben und nochmals 5 Minuten kochen lassen.
2 EL Sherry	Beifügen, nochmals kurz aufkochen und servieren.

Tipp: Man kann die Suppe auch vor oder nach der Zugabe des Gierschs pürieren. Eventuell mit Rahm verfeinern.

Rechte Seite von unten im Uhrzeigersinn: Kichererbsen in Gierschsauce, gratinierter Hopfen (Rezept Seite 46), Tagliliengemüse mit Orangenschale (Rezept Seite 296), Silene alla ligure (Rezept Seite 88) und Grünes Bulgur (Rezept Seite 306).

Gerstotto mit Giersch und Pilzen

300 g Vollkorngerste	5–6 Stunden in 1 Liter kaltem Wasser einweichen.
1 Zwiebel, fein gewürfelt 1 Karotte, gewürfelt 1–2 Selleriestangen, gewürfelt 1 EL Olivenöl	In einen Topf geben und auf kleinem Feuer das Gemüse darin lang und langsam anbraten. Die Gerste mitsamt dem Einweichwasser dazugeben.
3 Lorbeerblätter ½ TL Rosmarinpulver 1 Prise Nelkenpulver	Alles dazugeben und zum Kochen bringen. Zugedeckt bei kleiner Hitze zirka 50 Minuten kochen lassen; falls nötig noch Wasser nachgießen.
200 g Champignons oder andere Pilze, in Scheiben geschnitten 50 g Schalotte, in Ringe geschnitten 1 EL Bratbutter	In eine heiße Bratpfanne geben und die Pilze mit der Schalotte darin unter öfterem Wenden scharf anbraten, bis die Pilze Farbe angenommen haben.
1 Knoblauchzehe, gepresst	Dazugeben und noch ganz kurz mitbraten.
100 ml Weißwein	Ablöschen, kurz einkochen und beiseite stellen.
300 g Gierschblätter, ½ cm breit geschnitten 1 EL Gemüsebrühepulver 100 ml Weißwein	Zusammen mit den Pilzen zum Gerstotto geben, sobald die Körner aufgeschlossen sind, und nochmals 10 Minuten unter öfterem Umrühren weiterkochen.
3 EL Sherry wenig Tamari 100 ml Rahm	Zum Abschmecken dazugeben und sofort servieren. (Bild Seite 149)

Blühender Giersch.

Wiesen-Bärenklau

Heracleum sphondylium
Doldenblütler

Habitat

Der Bärenklau liebt nährstoffreiche Böden. Vom Flachland bis in Bergregionen begegnet man ihm auf Wiesen, in lichten Wäldern, an Gräben und an Weg- und Straßenrändern. Man findet manchmal am gleichen Standort viele Unterarten mit variierender Blattform. Nach dem Grasschnitt wächst er wieder und blüht manchmal ein zweites Mal.

Erkennungsmerkmale

Sein am deutlichsten sichtbarstes Merkmal ist seine Größe: Er ist immer größer als die umliegenden Pflanzen; vor allem in den Wiesen fallen seine großen, eckigen, wenig geteilten Blätter sofort auf. Die ganze Pflanze ist haarig; der lange Blattstiel ist im Schnitt oval; die dem Stängel entlang wachsenden Blätter haben eine bauchige Blattscheide. Der bis zu 2 Meter hohe Stängel, der die Blütendolden trägt, ist rund, furchig und hohl. Typisch ist auch sein Geruch, der an Karotten und Sellerie erinnert, und im Mund ist sogar ein leichter Mandarinengeschmack zu entdecken.

Pflücken und kochen

Zuerst pflückt man die jungen Blätter, solange sie noch zusammengefaltet sind, zusammen mit dem ganzen langen, saftigen Blattstiel; kurz im Dampf gegart, isst man sie als Salat oder Gemüse. Später erntet man die noch geschlossenen, in den schützenden Blattscheiden sprießenden Blütenstände; wie Brokkoli kurz im Dampf gekocht, sind sie eine Delikatesse. Der noch nicht verholzte geschälte Stängel schmeckt ausgesprochen süß; er ist ein willkommener Snack auf einer Wanderung oder wird als Rohkost zum Aperitif serviert. Die aromatischen Samen verwendet man für süße und pikante Gerichte sowie für Getränke.

Wer empfindliche Haut hat, sollte beim Pflücken aufpassen: Der Pflanzensaft kann auf der Haut eine lichtempfindliche Reaktion und infolgedessen Verbrennungen zur Folge haben, ähnlich wie beim Riesen-Bärenklau (siehe auch Seite 166).

Verwechslungsgefahr

Während der Blüte kann der Wiesen-Bärenklau mit anderen Arten der Familie verwechselt werden. Ein naher Verwandter ist der Riesen-Bärenklau *(Heracleum mantegazzianum)*, der bis zu 4 Meter hoch wird; seine riesigen Blätter sind aber spitzer zulaufend.

Oben links: Der Bärenklau ist meistens die größte Pflanze in der Sommerwiese.
Oben rechts: Die Blattränder können mehr oder weniger abgerundet sein.
Unten links: Die wenig geteilten Blätter des Bärenklaus sind meistens größer als die anderen Wiesenkräuter.
Unten Mitte: Die jungen, saftigen und zarten Blätter sind noch zusammengefaltet.
Unten rechts und rechte Seite: Solche dicken Stängel und Blütenknospen sind eine Delikatesse.

Reissalat mit Bärenklau

1 Prise Kräutermeersalz
½ Knoblauchzehe, gepresst
1 EL grober Senf
1 EL Zitronensaft
1 EL geröstetes Mandelöl
1 EL Orangen-Olivenöl

In einer Salatschüssel die Zutaten zu einer Sauce mischen.

3 Handvoll halb geöffnete Bärenklaublüten

Im Dampf 3–4 Minuten garen und auskühlen lassen.

100 g gekochter Vollkornreis
1 Orange, geschält und gewürfelt

Alles zur Sauce geben und gut vermischen.

Tipp: Nach Belieben (wie auf dem Foto) mit geschälten Bärenklaustängeln servieren; sie sind eine sehr schmackhafte Knabber-Rohkost.

Hirse-Bärenklau-Timbale

80 g Hirse

Das Volumen der Hirse abmessen und die doppelte Menge Wasser bereitstellen.
Um die bitteren Saponine zu entfernen, die Hirse in viel kochendes Wasser geben und 1 Minute kochen, den entstehenden Schaum abschöpfen und die Hirse abgießen.

1 TL Gemüsebrühepulver

Die Hirse mit der Gemüsebrühe und der doppelten Menge Wasser zum Kochen bringen und, ohne umzurühren, kontinuierlich die Hitze reduzieren, bis kein Kochwasser mehr sichtbar ist. Zugedeckt auf der abgeschalteten Platte noch 10 Minuten quellen lassen. Die lauwarme Hirse mit einer Gabel oder mit den Händen zerbröckeln.

250 g Bärenklaublätter

Im Dampf 3 Minuten garen und in Stücke schneiden.

150 g Ricotta
2 Eier
50 g geriebener Käse
100 ml Rahm
1 Prise Kräutermeersalz
Paprika, Muskatnuss

Alle Zutaten mit der Hirse und dem Bärenklau gut vermischen.
In ausgebutterte Förmchen (oder in eine Gratinform) füllen und im Ofen bei 180 Grad je nach Größe der Form 20–40 Minuten backen. Kann als Hauptgang serviert werden.

Bärenklau mit Kürbis und Mandarinenöl

1 Prise Kräutermeersalz
1 EL Sherryessig
1 EL Mandarinenöl
1 EL Olivenöl
1 TL Arganöl

In einer Salatschüssel die Zutaten zu einer Sauce mischen.

2 Handvoll Bärenklaublätter

Im Dampf 3 Minuten garen. Auskühlen lassen, in Stücke schneiden und beiseite stellen.

200 g festfleischiger Kürbis

Schälen und in ½ cm dicke Scheiben schneiden.

1 EL Olivenöl

In eine warme Bratpfanne geben und den Kürbis auf mittlerem Feuer von beiden Seiten gar braten.

2 EL Weißweinessig

Dazugeben und kurz einkochen lassen. Den Kürbis auf Küchenpapier auskühlen lassen und zusammen mit dem Bärenklau mit der Sauce vermengen. Als Vorspeise servieren.

Tipp: Anstelle der Blätter die Blütenknospen des Bärenklaus mit einem Teil des Stängels verwenden.

Oben links: Die Grundrosette breitet sich wie ein filziger Teller aus.
Oben rechts: Die dicken Blütentriebe machen oft kleinere Seitentriebe.
Unten: Die Blütezeit erstreckt sich über längere Zeit.

Natterkopf

Echium vulgare
Borretschgewächse, Raublattgewächse

Habitat

Der Natterkopf ist mageren, trockenen, steinigen Böden in sonnigen Lagen gut angepasst. Man findet ihn oft auf Trockenmauern, in Steingruben, an Weg- und Feldrändern und den Straßen entlang.

Erkennungsmerkmale

Die Pflanze bildet anfangs eine flache, breite, wie am Boden haftende Grundrosette mit borstigen, langen und schmalen Blättern. Später entwickeln sich ein oder mehrere haarige Stängel, die sich wie eine Schlange zylindrisch emporwinden. Die über lange Zeit blühenden Blütenstände bringen immer neue rosarote bis blauviolette Blüten hervor.

Pflücken und kochen

Da die Blätter schnell zäh werden, werden nur die wirklich sehr jungen zum Kochen verwendet. Das eigentlich Interessante an dieser schönen Pflanze ist jedoch der junge Spross, der ebenfalls gepflückt wird, bevor er zu stark entwickelt ist. Er eignet sich gekocht als Suppenzugabe oder als Füllung von Crêpes, Frittate und Ähnlichem; mit gebratenen Zwiebeln gedämpft, ergibt er eine feine Beilage; er kann auch im Ausbackteig frittiert werden. Die abgezupften Blüten werden als essbare Dekoration verwendet.
Der Geschmack von allen Teilen der Pflanze erinnert an Gurken, ist jedoch bitterer.
Bei Laborversuchen wurden in mehreren Pflanzen aus dieser Familie Alkaloide gefunden, weshalb vom Verzehr abgeraten wird. Ein moderater Genuss, wie man ihn seit Jahrhunderten kennt, ist nach meiner Einschätzung jedoch ungefährlich (siehe auch Anhang, Seite 313).

Verwechslungsgefahr

Verwechslungsgefahren sind mir keine bekannt.

Kastanien-Crêpes mit Natterkopf und Ricotta

Für die Crêpes:
50 g Kastanienmehl
50 g Dinkelruchmehl
200 ml Bier
2 Eier
1 Prise Kräutermeersalz

Die Zutaten für die Crêpes zu einem flüssigen Teig mischen und 30 Minuten stehen lassen. Den Teig portionenweise in einer warmen eingeölten Pfanne gleichmäßig verteilen und stocken lassen; wenden und noch ½ Minute weiterbraten. Beiseite stellen.

Für die Füllung:
160 g Natterkopfsprosse

In Salzwasser 4 Minuten kochen. Auskühlen lassen und grob hacken.

400 g Ricotta
2 Prisen Kräutermeersalz
50 g Alpkäse, gerieben
1–2 Eier
50 g Speckwürfel
Muskatnuss und schwarzer Pfeffer

Den Ricotta mit den anderen Zutaten gut vermischen und den gehackten Natterkopf dazugeben.
Die Masse auf die Crêpes geben und einrollen. In eine ausgebutterte ofenfeste Form legen.

30 g Butter

In Flocken über die Crêpes streuen und im Ofen bei 180 Grad zirka 30 Minuten erwärmen. Warm oder lauwarm mit einem Salat (hier Hochzeitssalat, Rezept Seite 175) oder einer Sauce nach Wahl servieren.

Beinwell, Wallwurz

Symphytum officinale, S. bulbosum, S. tuberosum
Borretschgewächse, Raublattgewächse

Habitat

Die Echte Wallwurz *(Symphytum officinale)* findet man in feuchten Wiesen, Gräben entlang und in schattigem Brachland; sie wird auch in den Gärten angepflanzt. Die Knollige und die Knotige Wallwurz *(Symphytum bulbosum* und *S. tuberosum)* hingegen findet man eher in lichten Wäldern, an schattigen Schuttplätzen sowie in Rebbergen und an Hängen, vor allem im Tessin. Dank ihren Ausläufern sind sie oft in Kolonien anzutreffen und werden gelegentlich auch als Bodendecker angepflanzt.

Erkennungsmerkmale

Wie bei fast allen Pflanzen aus dieser Familie sind die Beinwellblätter sehr haarig und beim Anfassen rau; das Gleiche gilt für den Stängel und die aufgerollten Blütenknospen. Die kleinen, glockenförmigen Blüten können gelb, violett, blau oder wie bei den kleineren Formen blassgelb sein. Die Echte Wallwurz kann bis zu 2 Meter hoch werden; ihre verzweigten Stängel sind dick und borstig und die Blätter bis zu 25 Zentimeter lang. Die zwei kleineren Arten hingegen bilden 20 bis 40 Zentimeter hohe Teppiche. Alle sind mehrjährige Pflanzen, man kann sie also immer wieder am gleichen Standort schon früh im Jahr finden.

Pflücken und kochen

Die großen Blätter eignen sich hervorragend als Hülle für Speisen, die als Päckchen zubereitet werden. Jeweils zwei Blätter zusammengepresst, durch einen Ausbackteig gezogen und ausgebacken, ergeben eine interessante Variante zu ausgebackenen Fischfilets – sie schmecken sogar ein bisschen danach! Zusammen mit den jungen Trieben dienen sie auch, ähnlich wie der nah verwandte Borretsch, als Füllung von Crêpes, Tortelloni oder Frittata. Sehr fein geschnitten kann man ihn roh zu Salaten oder Frischkäse geben. Die geröstete Wurzel wurde früher als Kaffeeersatz verwendet.
Da *Symphytum bulbosum* auf der Roten Liste der gefährdeten Pflanzen steht, empfiehlt es sich, vor allem *Symphytum officinale* aus dem eigenen Garten zu verwenden.

Verwechslungsgefahr

Da das Blatt des Beinwell dem des sehr giftigen Fingerhuts (*Digitalis* spp.) sehr ähnlich ist, muss man beim Pflücken junger Blätter die Standorte der Pflanzen bereits vom Vorjahr her gut kennen. Sobald sie blühen, ist der Unterschied klar ersichtlich.
Zur gleichen Familie gehören Borretsch, Vergissmeinnicht und Lungenkraut, die alle auf die gleiche Weise zu verwenden sind, sofern sie in ihrer Gegend nicht selten vorkommen.

Oben: Die Blätter der Echten Wallwurz können sehr groß werden.
Rechts: *Symphytum tuberosum* ist kleinwüchsig und bildet oft ganze Teppiche.

Oben links: Die Echte Wallwurz ist eine kräftige mehrjährige Pflanze. Aus einer Pflanze wird schnell ein ganzes Kissen.
Oben rechts: Borretsch gehört zur gleichen Familie und wird auch ähnlich verarbeitet.
Unten links: Aus der gleichen Familie kommt auch das Vergissmeinnicht (*Myosotis* spp.), dessen Blüten und junge Blätter ebenfalls essbar sind.
Unten rechts: *Symphytum officinale* blühend.

Beinwellpäckchen

20–30 Beinwellblätter 1–2 Frischkäse (100–200 g) Kräutermeersalz	Die untere Blattseite mit etwas Frischkäse bestreichen, salzen, mit einem zweiten Blatt bedecken und fest zusammenpressen; zwei- oder dreimal zu einem Päckchen zusammenfalten.
Für den Teig: 2–3 EL Milch 1 Ei	Milch und Ei mit einer Gabel verquirlen.
2 EL Dinkelruchmehl 1 Prise Kräutermeersalz	Dazugeben und gut vermischen. Die Beinwellpäckchen im Teig wenden.
1–2 EL Oliven- oder mildes Sonnenblumenöl	In wenig Öl bei mittlerer Hitze anbraten; beim Wenden nochmals etwas Öl dazugeben.

Tipp: Warm gegessen ein feiner Snack oder zum Aperitif.

Variante: Die Blätter nicht einrollen, in Ausbackteig (Rezept Seite 206) wenden und in viel Öl frittieren.

Familie der Lippenblütler

Eine Besonderheit dieser Familie ist der starke Geruch, der von den Pflanzen ausgeht. Streift man mit der Hand darüber, steigt einem sofort ein intensiver Duft in die Nase; dieser kann sehr lieblich sein (wie zum Beispiel beim Lavendel), in anderen Fällen aber auch penetrant und stinkend. Die typischen Blüten bestehen aus zwei spiegelgleichen Hälften, und meist ist die untere Lippe größer; der im Querschnitt quadratische Stängel sowie die kreuzweise gegenständigen Blätter sind weitere Merkmale der Lippenblütler. Viele aromatische Küchenkräuter gehören zu ihnen; sie werden frisch, aber sehr oft auch getrocknet verwendet. Dank der in ihnen enthaltenen ätherischen Öle sind sie auch die Grundlage von diversen Essenzen, die in der Küche, aber auch in der Parfümerie Verwendung finden.

1

2

3

4

5

6

7

8

1 Blühendes Lavendelfeld.

2 Viele aromatische Küchenkräuter gehören zu dieser Familie: Basilikum, Majoran, Oregano, Thymian, Ysop.

3 Rosmarin, Salbei und Bohnenkraut.

4 Es gibt viele verschiedene Kulturformen von Basilikum, ebenso von Salbei oder Thymian.

5 Auch vom Feld-Thymian *(Thymus serpyllum)* finden sich in der Natur, meistens an trockenen Standorten, verschiedene Formen. Er eignet sich sowohl als Küchen- wie auch als Teekraut.

6 Blühender Dost.

7 Die typische Blüte der Pflanzen aus dieser Familie, hier Wiesen-Salbei.

8 Echter Dost oder Wilder Oregano *(Origanum vulgare)*, der ebenfalls an trockenen Standorten wächst.

Gundelrebe, Gundermann

Glechoma hederacea
Lippenblütler

Habitat

Die Gundelrebe wächst an sehr unterschiedlichen Standorten: im Wald, auf Wiesen, auf Steinhaufen wie auch in feuchten Auen und Wiesen.

Erkennungsmerkmale

Die Gundelrebe ist eine kleine Pflanze, die normalerweise in Gruppen wächst und ganze Kissen bildet. Sehr früh im Frühjahr erscheinen die kleinen runden Blätter, deren rund gezähnter Saum an eine gehäkelte Borte erinnert. Das jüngste Blattpaar hält zusammen und gleicht einem Maul. Der quadratische Stängel entwickelt sich zunächst in vertikaler Richtung und bildet in den Blattachseln schon bald Gruppen von kleinen violetten Blüten. Nach der Blüte wachsen die Stängel horizontal weiter, und an den immer weiter auseinander stehenden Knoten entwickeln sich teils neue Wurzeln, teils Verzweigungen. Berührt man die Pflanze, riecht sie stark nach Minze, Thymian, Melisse, Salbei, alles Pflanzen aus der gleichen Familie; manchmal kann sie auch unangenehm nach Katzenurin riechen.

Pflücken und kochen

Die Gundelrebe ist ein typisches Würzkraut, die jeweilige Verwendung ergibt sich aus seinen verschiedenen Duftnoten. Die Blätter können roh gehackt Frischkäse oder Salaten aus Linsen, Bohnen usw. beigegeben, gekocht mit Kartoffeln oder als Würze zu Risotti und Suppen verwendet werden. Die zahlreichen Blüten sind nicht nur dekorativ, sondern schmecken auch fein. Der Geschmack erinnert als gelungene Aromamischung an viele andere, bekannte aromatische Kräuter aus derselben Familie, weshalb die Gundelrebe auch eines meiner Lieblingskräuter ist.

Verwechslungsgefahr

Die Gundelrebe kann mit dem ebenfalls essbaren, aber sehr bitteren Kriechenden Günsel *(Ajuga reptans)* verwechselt werden; dieser wächst aber pyramidenförmig, und seine blauen Blüten stehen auf allen vier Seiten, während die der Gundelrebe sich meist nur auf einer Seite zeigen.

Die Gundelrebe findet man wie einen blühenden Teppich im lichten Wald (links oben) und auch in der Wiese (links unten).
Rechts: Junge Gundelrebe mit dem typischen viereckigen Stängel.

Kartoffeln mit Gundelrebe

500 g Kartoffeln, geschält und in grobe Stücke geschnitten

In eine weite Pfanne geben und zu drei Vierteln mit Wasser bedecken.

1 TL Gemüsebrühepulver
4 EL Olivenöl
1 Handvoll Gundelrebenblätter

Dazugeben, zum Kochen bringen und halb zugedeckt zirka 20 Minuten kochen; am Ende sollte keine Kochflüssigkeit mehr vorhanden sein. Als Beilage servieren.
(Bild Seite 249)

Tipp: Statt Gundelrebe kann man auch andere aromatische wilde oder kultivierte Kräuter verwenden, wie Lorbeer, Majoran, Thymian, Oregano, Rosmarin, Giersch, Taubnessel oder Fichtentriebe (für weitere Rezepte mit Gundelrebe siehe Rezepte Seite 88, 125, 209, 210).

Gundelreben-Frischkäse-Bällchen

2–3 Handvoll Gundelrebenzweige

Blüten und Blätter separat abzupfen, die Blätter fein hacken und die Blüten beiseite stellen.

2–3 Frischkäse (Formaggini; ca. 200 g)
1 Prise Kräutermeersalz
1–2 EL Olivenöl

Alles mit einer Gabel mischen, die gehackten Gundelrebenblätter dazugeben und nochmals gut vermischen. Kleine Bällchen formen und in den Blüten wenden. Kühl aufbewahren. Zum Aperitif oder als Vorspeise mit einem Salat servieren.

Tipp: Man kann die Bällchen mehrere Tage im Kühlschrank aufbewahren. Da das Aroma mit der Zeit intensiver wird, dann eventuell die Menge des Krauts reduzieren.

Taubnessel

Lamium purpureum, L. album, L. galeobdolon
Lippenblütler

Oben: Links *Lamium purpureum*, rechts *Lamium album*.

Linke Seite:
Oben links: Junge Weiße Taubnessel. Sobald sie blüht, ist sie einfacher zu erkennen (rechts Mitte).
Mitte rechts: Goldnessel.
Rechts oben: Sehr früh blüht auf den Äckern die rote Taubnessel *(Lamium purpureum)*.
Unten rechts: Die Gefleckte Taubnessel, *Lamium maculatum*, deren große Blüten sich für Dekorationen eignen.

Habitat

Die Acker-Taubnessel *(Lamium purpureum)* besiedelt sehr früh im Jahr Weinberge und Äcker, die Weiße Taubnessel *(L. album)* und die Goldnessel *(L. galeobdolon)* hingegen wachsen eher an schattigen Standorten, am Waldrand, im Wald oder an Hecken.
Sie wachsen oft an den gleichen Standorten wie die Brennnessel und erscheinen sehr unterschiedlich verteilt auf der Alpennord- und der Alpensüdseite.

Erkennungsmerkmale

Wie der Name schon sagt, gleicht die Taubnessel, vor allem in der Blattform, der Brennnessel, obwohl sie mit ihr nicht verwandt ist; die Blätter der Taubnessel sind meist nicht so haarig, manchmal sind sie sogar glänzend. Sobald sich die Blüten zeigen, ist der Unterschied offensichtlich: Die Taubnessel trägt typische Lippenblüten in den Farben Rot-Violett *(Lamium purpureum)*, Weiß *(L. album)* oder Gelb *(L. galeobdolon)*, die der Brennnessel hingegen sind kleine, grüne traubenartige Gebilde. Die Acker-Taubnessel wird nur bis zu 25 Zentimeter hoch, während die beiden anderen Arten 50 bis 70 Zentimeter hoch werden können. Bei Ersterer sind alle Blätter und Blüten im oberen Teil der Pflanze versammelt, sodass ein langes Stück vierkantiger Stängel sichtbar bleibt. Wenn man mit der Hand über die Pflanzen streift, verbreiten alle einen speziellen, manchmal fast unangenehmen balsamischen Geruch. Das sicherste Unterscheidungsmerkmal von den Brennnesseln ist jedoch, dass die Taubnesseln nicht brennen.

Pflücken und kochen

Die jungen Blätter und Triebspitzen verwendet man vor allem gekocht, als Zugabe zu Suppen und Mischgemüse; ich verwende sie selten allein, da ihr Geschmack, vor allem jener der Acker-Taubnessel, relativ dominant ist. Man kann die Blätter auch roh unter Salate oder als aromatische Zugabe zum Beispiel unter Quark oder Frischkäse mischen. Die Blüten ergeben eine ausgezeichnete essbare Dekoration. Da die Taubnesseln nach dem Schnitt immer wieder nachwachsen, kann man während der ganzen Saison davon pflücken.

Verwechslungsgefahr

Außer mit der Brennnessel kann man die Taubnesseln mit anderen *Lamium*-Arten oder mit *Galeopsis*-(Hohlzahn-)Arten verwechseln, die aber alle essbar sind.

Links: Die junge Grundrosette des Salbeis breitet sich auf der noch relativ kahlen Wiese aus. Der viereckige Stängel kann noch viel höher werden und sich verzweigen.

Wiesen-Salbei

Salvia pratensis
Lippenblütler

Habitat

Der Wiesen-Salbei ist eine mehrjährige Pflanze, die auf Trockenwiesen sowie entlang von Straßen und Wegen wächst. Er liebt relativ trockene, sonnige Plätze und nährstoffreichen Boden.

Erkennungsmerkmale

Die großen Blätter der Grundrosette haben einen langen Blattstiel, sind haarig, von fester Konsistenz und wirken beim Anfassen runzelig; sie neigen dazu, sich an den Boden zu pressen. Später entwickelt sich der vierkantige, bis zu 60 Zentimeter hohe Stängel, und die Blätter werden weniger; dafür erscheinen rundherum die schönen, lang blühenden blauvioletten Blüten, oft sogar nochmals nach dem Heuschnitt bis im September. Wenn man mit der Hand über die Pflanze streift, verbreitet sie einen starken, salbeiähnlichen, nur etwas strengeren Duft.

Pflücken und kochen

Die Blätter können wie die des Echten Salbeis verwendet werden, der Geschmack ist jedoch milder. Sie eignen sich nur schon wegen ihrer Größe sehr gut zum Ausbacken in Teig (»Salbei-Müsli«) und schmecken so auch sehr fein. Man kann sie auch, gemischt mit anderen Wildkräutern, in Kuchen und Frittate verwenden, Suppen beigeben und Pastasaucen damit aromatisieren. Blätter und Blütenstände würzen Öl, Essig, Wein und Liköre, aber auch Tee. Die Blüten sind sehr dekorativ; jedes enthält einen Topfen Nektar und hat einen delikaten Duft.

Verwechslungsgefahr

Mit anderen krautigen Salbei-Arten, die alle nicht giftig sind.

Frittierte Salbeiblätter

Als Snack oder zum Aperitif

Für den Ausbackteig:

100 g Mehl 1 TL Salz 150 ml Bier 2 EL mildes Sonnenblumenöl 1 Eigelb	Alles mit einem Schneebesen zu einem relativ flüssigen Teig verrühren; eventuell noch etwas Bier dazugeben. 30 Minuten ruhen lassen.
1 Eiweiß, steif geschlagen	Zum Teig geben und leicht daruntermischen.
50 ml Frittieröl	In einer Bratpfanne erhitzen.
2 Handvoll Wiesen-Salbei-Blätter	Die Blätter müssen ganz trocken sein. In den Teig tauchen und im heißen Öl goldbraun ausbacken. Auf Küchenpapier abtropfen lassen und sofort servieren.

Spitz- und Breit-Wegerich

Plantago lanceolata, Plantago major
Wegerichgewächse

Habitat

Der Spitz-Wegerich ist in Wiesen und an Straßenrändern sehr verbreitet; er bevorzugt etwas feuchte und nährstoffreiche Böden, kommt aber auch in etwas kleineren Wuchsformen in mageren Zonen vor. Der Breit-Wegerich hat ähnliche Vorlieben, bevorzugt aber Orte, die häufig von Mensch, Tier oder Maschinen benutzt werden, also auf Landstraßen, viel besuchten Plätzen oder in der Nähe von Ställen.

Erkennungsmerkmale

Die Spitz-Wegerichblätter erkennt man an der länglichen Form und den parallel verlaufenden Blattnerven. Er kann dichte, aufstehende Rosetten bilden, die nach dem Schnitt schnell nachwachsen, was das Pflücken begünstigt. Die ährigen Blütenstände ragen weit über die Blätter hinaus.
Die Blätter des Breit-Wegerichs sind ähnlich wie die des Spitz-Wegerichs, jedoch viel breiter, löffelförmig und ebenfalls mit parallel verlaufenden Nerven versehen. Auf fetten Böden können sie bis zu 30 Zentimeter hoch werden; meist trifft man sie aber als wenige Zentimeter große Exemplare an. Als Kinder spielten wir das Faden-Rätsel: An einem abgerissenen Blatt war die Anzahl der herausragenden Fäden (Nerven) zu erraten.
Der Geschmack beider Arten erinnert markant an frische Pilze.

Pflücken und kochen

Die beste und gesündeste Art des Genusses ist, die Blätter roh zu essen, fein geschnitten in Salaten oder als Würze für Quark, Butter oder andere rohe Gerichte. Dafür müssen sie allerdings jung sein, sofort nach dem Nachwachsen aus dem Zentrum der Rosette gepflückt. Man kann die Blätter auch kochen und mit Öl und Knoblauch anmachen, oder zu Suppen oder Frittate geben. Auf die gleiche Weise kann man die noch sehr jungen Blütenstände verwenden. Der Geschmack liegt zwischen Pilz und Spinat und kann manchmal etwas bitter sein.

Verwechslungsgefahr

Beide Wegerich-Arten können mit dem eleganteren Mittleren Wegerich *(Plantago media)* oder mit anderen, eher alpinen Arten derselben Pflanzengruppe verwechselt werden; sie sind alle ebenfalls essbar, wenn auch zum Teil seltener vorkommend.

Oben links: Wenn noch vieles im Winterschlaf ist, stoßen die ersten Spitz-Wegerich-Blätter durch das Laub.
Oben rechts: Wegerich-Blüten. Im Knospenzustand kann man sie auch essen.
Unten links: An gewissen Orten begegnet man vor allem der eleganteren und etwas haarigen *Plantago media*.
Unten Mitte: An den parallel verlaufenden Blattnerven erkennt man den Wegerich.
Unten rechts: Der Breit-Wegerich findet sich am ehesten dort, wo er immer wieder zertrampelt wird.

Linsen-Kräuter-Salat

200 g Beluga-Linsen
3 Lorbeerblätter

Mit viel kaltem Wasser in einen Topf geben, zum Kochen bringen und zirka 20 Minuten kochen, bis die Linsen gar sind. Abgießen und lauwarm abkühlen lassen.

1 Prise Kräutermeersalz
1 EL Tamari
1 EL grober Senf
1–2 EL Balsamicoessig
4 EL Olivenöl
1 TL abgeriebene Zitronenschale

Alle Zutaten in einer Salatschüssel zu einer Sauce mischen.

4 EL Wegerichblätter, fein gehackt
2 EL Weinberg-Lauch (Seite 297), fein geschnitten
2 EL Gundelrebe (Seite 196), fein gehackt
3 EL Sauerampfer (Seite 107), fein geschnitten
1 EL Schafgarbenblätter (Seite 232), sehr fein geschnitten
3 EL Giersch (Seite 173), fein geschnitten

Alle Kräuter mit den gekochten Linsen zur Sauce geben und gut mischen. Lauwarm oder kalt als Vorspeise servieren.

Wegerichpesto

50 g junge Breit- oder Spitz-Wegerich-Blätter — Gegen die Nervenfasern in sehr feine Streifen schneiden.

2–3 EL Olivenöl
1 Prise Meersalz — Alles im Mörser (noch besser im Suribachi) oder im Cutter zu einem Püree verarbeiten.

20 g Baumnüsse, gemahlen
10–20 g Pecorino oder Sbrinz, geraffelt
viel schwarzer Pfeffer — Zur Kräutermasse geben und mit einem Löffel mischen. Schmeckt am besten auf geröstetem Brot, passt aber auch sehr gut zu Pasta.

Tipp: Von den unzähligen Pesto-Varianten mit Wildpflanzen ist dies mein Favorit.
Experimentieren Sie mit folgenden Kräutern, einzeln oder gemischt: Gundelrebe, Brennnessel, Bärlauch, Taubnessel, Sternmiere, Kresse, Beifuß, Schaumkraut, Melde, Sauerampfer, Giersch. Zusätzliche Variationen ergeben sich durch die Verwendung verschiedener Öle und Ölsamen. Da Wildpflanzen einen starken Eigengeschmack haben, vertragen sie auch geschmacksintensivere Öle wie Sonnenblumen-, Baumnuss- und Kürbiskernöl.

Wegerichquark mit Kräutern

150 g Vollmilchquark
4 EL Wegerichblätter, sehr fein gehackt
1 EL Weinberg-Lauch (Seite 297), fein geschnitten
1 EL Dost (Seite 194)
1 EL Gundelrebe (Seite 196), gehackt
1 TL abgeriebene Orangenschale
2 EL Olivenöl — Alles gut vermischen und auf Crackern oder als Sauce zu rohem Gemüse servieren.

Links: Die kräftigen Blattnerven durchtrennt man am besten mit einem scharfen Messer.
Rechts: Vorne Wegerichquark mit Kräutern, hinten Wegerichpesto.
Zum Aperitif passen auch Löwenzahn-Oliven (Rezept Seite 282).

Bachbungen-Ehrenpreis

Veronica beccabunga
Braunwurzgewächse

Habitat

Der Bachbungen-Ehrenpreis ist eine Wasserpflanze, die am, aber auch im Wasser gedeiht. Man findet ihn vom Flachland bis in die Berge an feuchten Stellen, an Bächen oder um Brunnen und Wasserlöcher. Oft findet er sich in Gesellschaft von Brunnenkresse oder des verwandten Blauen-Wasser-Ehernpreises *(Veronica anagallis-acquatica).*

Erkennungsmerkmale

Die Bachbunge ist eine kleine, in all ihren Teilen fleischige, kahle Pflanze mit langem, kriechendem, rötlichem, rundem Stängel. Die gegenständigen Blätter sind sehr regelmäßig oval, mit leicht gezahntem Rand. In den Blattachseln entwickeln sich die Blütenstände mit ihren hellblauen Blüten. Dank ihrem rankenden Rhizom bildet die Pflanze ganze Kolonien.

Der Wasser-Ehrenpreis hat schmalere, spitz zulaufende und weniger fleischige Blätter; der Stängel ist vierkantig und oft grün, und die Blüten sind blasser.

Pflücken und kochen

Die Blätter und jungen Triebe beider Pflanzen sind im Frühjahr eine schmackhafte Zutat für Salate, denen sie einen scharfen, etwas bitteren Geschmack sowie eine knackige Konsistenz verleihen. Wie bei der Brunnenkresse müssen die Gewässer, wo man die Pflanze zu ernten gedenkt, genau beobachtet werden. Falls sie durch Weiden laufen, besteht die Gefahr von Parasiten. In diesem Fall sollte das Kraut besonders gründlich, eventuell mit Zusatz von Salz oder Essig, gewaschen oder abgekocht, als Spinat verwendet werden. Wie bei allen *Veronica*-Arten sind die dekorativen Blüten essbar.

Verwechslungsgefahr

In der Blüte ist die Bachbunge vielen anderen Ehrenpreis-Arten ähnlich, die jedoch nicht am Wasser wachsen. Keine der Ehrenpreis-Arten ist giftig, und viele werden sogar als Tee genossen.

Oben: Sammelgut: Bachbungen-Ehrenpreis unten und Wasser-Ehrenpreis oben.

Linke Seite:
Oben: Blühende Bachbunge in der Nasswiese.
Unten: *Veronica beccabunga* und *V. anagallis-acquatica* stehen oft nebeneinander im leicht fließenden Wasser.

Wasserkräuter-Salat mit frittiertem Fisch

1 Prise Kräutermeersalz
1 TL grober Senf
1 EL Rotweinessig
2 EL Olivenöl
1 EL geröstetes Baumnussöl

Alle Zutaten zu einer Sauce mischen.

1 Handvoll Brunnenkresse
1 Handvoll Bachbungen-Ehrenpreis
1 Handvoll Wasser-Ehrenpreis

Die Kräuter zur Sauce geben und mit dem frittierten Fisch (siehe unten) servieren.

Für den frittierten Fisch:
300 g Rotaugenfilets
(oder anderer Süßwasserfisch)

Allfällige Gräten entfernen und in mundgerechte Stücke schneiden.

1 Prise Kräutermeersalz
nach Belieben gehackte Kräuter
(Thymian, Gundelrebe oder Dill)
3–4 EL rotes Polenta-Maismehl,
fein gemahlen, oder Maisgrieß

Die Fischfilets salzen, eventuell in den Kräutern, dann im Mehl wenden.

Öl zum Frittieren

Im Öl schwimmend 3–4 Minuten frittieren, auf Küchenpapier abtropfen lassen und sofort servieren.

Tipp: Statt Rotauge kann man auch einen anderen Fisch nehmen; er sollte aber aus nachhaltiger Fischerei oder Zucht stammen (siehe Glossar).

Der Berufsfischer, Musiker und Wildkräuterfan Giorgio Valli.

Betonienblättrige Rapunzel, Ährige Rapunzel, Teufelskralle

Phyteuma betonicifolium, P. spicatum
Glockenblumengewächse

Sammelgut: Blätter beider Arten (oben) und Blütenknospen (unten).

Habitat

Die Betonienblättrige Rapunzel wächst auf Berg- und Magerwiesen, an Steilhängen, an Straßen und Wegrändern sowie in Waldlichtungen bis hinauf in die Alpen.
Die Ährige Rapunzel wächst an ähnlichen Standorten, ist aber, da sie den Schatten liebt, auch im Wald anzutreffen. Die Betonienblättrige Rapunzel meidet Kalk, während die Ährige Rapunzel ihn besser verträgt. Manchmal sind beide nebeneinander zu finden.

Erkennungsmerkmale

Die Grundrosette der Rapunzel ist ziemlich schwierig zu identifizieren: Die Blätter haben sehr unterschiedliche Formen, von herzförmig bis lanzettlich, oft mit einer längeren Blatthälfte, können kahl oder haarig sein, und manchmal einen dunklen Fleck in der Blattmitte aufweisen. Die Blätter der Ährigen Rapunzel sind am Rand stärker gezahnt und haben eine ausgeprägte Herzform. Allen Arten gemeinsam ist der lange Blattstiel der Grundrosettenblätter, die dem Stängel entlang wachsenden sind hingegen stiellos. Die Blattunterseite ist heller und glänzend. Stängel und Blätter sondern einen süßlichen, weißen Milchsaft ab. Sobald die Blüte auf einem 30 bis 40 Zentimeter langen Stängel heranwächst, sind die Pflanzen sofort unterscheidbar: Die Betonienblättrige Rapunzel blüht blauviolett, die Ährige weiß-gelb. Der Geschmack von beiden Arten erinnert an grüne Haselnüsse oder Koriander; um diesen Geschmack wiederzuerkennen, muss man im Vorjahr eine Blüte probiert haben.

Pflücken und kochen

Die jungen Blätter ergeben im Frühjahr einen der besten und feinsten Salate, die man in der Natur finden kann, sehr gut zum Beispiel zusammen mit Linde und Feldsalat. Der süßliche Geschmack ist fast der gleiche wie jener der Blüte. Diese pflückt man im halb geschlossenen Stadium, samt dem zarten Stück des Stängels, und genießt sie als Salat oder 1 Minute im Dampf gegart pur als delikate Vorspeise. Die Wurzel ist zwar ebenfalls essbar, da dafür aber die ganze Pflanze ausgerissen werden muss, verzichte ich darauf.

Verwechslungsgefahr

Vor der Blüte kann man sie mit Veilchenblättern verwechseln, die ebenfalls essbar sind. Im Zweifelsfall lässt sie sich immer am Geschmack erkennen. Andere, zum Teil sehr ähnliche Pflanzen der gleichen Familie sind auch essbar, aber manche davon sind selten.

Linke Seite: Rapunzelblüte im idealen Pflückstadium.
Oben links: So unterschiedlich können die Rapunzelblätter sein.
Oben rechts: Die Weiße Teufelskralle ist eher im Wald anzutreffen.
Unten: Die Grundblätter der beiden Rapunzel-Arten, die manchmal nebeneinander wachsen: links *Phyteuma betonicifolium,* rechts *P. spicatum.*

Rapunzelsalat mit Hirtentäschel und Wicke

1 Prise Kräutermeersalz
½ EL grober Senf
1 EL weißer Balsamicoessig
1 EL Haselnussöl
1 EL Olivenöl

Die Zutaten zu einer Sauce mischen.

1 Handvoll Rapunzelblätter
1 Handvoll Hirtentäschelblätter (Seite 139)
1 Handvoll Wickenspitzen (Seite 157)
1 Handvoll Rapunzelblüten
1 EL Haselnüsse, geröstet und gehackt

Alles zur Sauce geben und sofort servieren.

Rapunzelblüten in Haselnussöl

1 Prise Kräutermeersalz
½ EL Zitronensaft
½ EL Sherry
1 EL Haselnussöl
1 EL mildes Sonnenblumenöl
(siehe Tipp Seite 276)

Die Zutaten zu einer Sauce mischen.

3 Handvoll noch
geschlossene Rapunzelblüten

1 Minute über Dampf garen, auskühlen lassen und mit der Sauce mischen. Als Vorspeise, zum Beispiel zusammen mit einem mit gehackten Fichtensprossen bestreuten Butterbrot, servieren.

Großes Mischgemüse mit Rapunzel

3 Kermesbeerensprosse (Seite 62), geschält 10 Pestwurz-Blattstiele (Seite 249), geschält	Je 2–3 Minuten getrennt in viel Salzwasser kochen, abgießen, in Stücke schneiden und beiseite stellen.
10 Bärenklaublätter mit Stiel (Seite 181) 20 Gierschblätter mit Stiel (Seite 173)	Je 2–3 Minuten im Dampf garen, in Stücke schneiden und beiseite stellen.
2 EL Olivenöl	In eine weite, heiße Bratpfanne geben.
2 violette Karotten, in Scheiben geschnitten 1 Handvoll Pilze, geputzt, halbiert 3 Frühlingszwiebeln, halbiert oder geviertelt	Sofort in die Pfanne geben und bei starker Hitze unter stetem Wenden anbraten.
½ violetter Rettich, in Scheiben geschnitten 1 Handvoll frische Erbsen und Fave (Saubohnen)	Dazugeben und 3 Minuten weiterbraten, dann die vorgekochten Kräuter dazugeben und bei starker Hitze alles darunterrühren.
1 Handvoll Rapunzelblüten	Dazugeben und umrühren.
1 EL Gemüsebrühepulver	Darüberstreuen.
50 ml Weißwein 2 EL Sherry	Ablöschen, kurz einkochen lassen und warm mit Reis, Bulgur, einem anderen Getreide oder mit gebratenen Kartoffeln servieren. Lauwarm kann es mit einem Zitronenschnitz als Vorspeise serviert werden.

Kletten- und Wiesen-Labkraut

Galium aparine, G. mollugo
Rötegewächse

Sammelgut: Oben *Galium aparine.* Da es gekocht wird, kann man auch etwas längere Triebe pflücken.
Unten: *Galium mollugo.* Die Spitzen ergeben eine leicht scharfe Zugabe für Salate.

Habitat

Das Kletten-Labkraut ist ein Ackerunkraut, das in großen Kolonien an nährstoffreichen Halden und Brachstellen, in Hecken, Auenwäldern oder in Weinbergen wächst.
Das Wiesen-Labkraut ist auf sonnigen Wiesen und Weiden, aber auch in Gebüschen und lichten Wäldern weit verbreitet.

Erkennungsmerkmale

Typische Kennzeichen der Labkräuter sind der viereckige Stängel sowie die quirlartige Anordnung der Blätter: Sie stehen jeweils auf einer Etage rund um den Stängel (Stägelichrut). Das Kletten-Labkraut ist haarig, sogar hakenborstig, sodass es sich wie klebrig anfühlt; dies erlaubt ihm, an Stützen hochzuwachsen und seine Samen durch Tier und Mensch weitherum zu verbreiten. Das Wiesen-Labkraut hingegen ist glatt und generell feiner und graziler. Findet das Labkraut einen nährsoffreichen Untergrund, können die wenig verzweigten Stängel beider Arten bis zu 150 Zentimeter oder sogar länger werden; man findet sie dann oft von einem Windstoß am Boden liegend, wobei die Spitzen sich rasch wieder vertikal aufrichten. Die kleinen weißen Blütenstände setzen in den Blattachseln an; bei anderen Arten, wie beim Echten Labkraut *(Galium verum),* sind sie gelb. Auch der Waldmeister *(Galium odoratum)* sowie der tropische Kaffeestrauch gehören zu dieser Familie.

Pflücken und kochen

Da die Stängel beider Arten schnell verholzen, ist es wichtig, nur die jungen Pflanzenteile noch vor der Blüte zu pflücken. Der zum Essen bestimmte oberste Triebteil misst beim Wiesen-Labkraut 3 bis 5 Zentimeter, beim Kletten-Labkraut bis zu 15 Zentimeter – der richtige Punkt lässt sich mit den Fingern erspüren.
Das Wiesen-Labkraut gibt man mit anderen Kräutern zum Salat; es verleiht ihm einen grasigen, leicht scharfen Geschmack. In der gleichen Art kann man auch die Blüten und ebenso andere *Galium*-Arten (wie *Galium verum*) verwenden. Das Kletten-Labkraut hingegen muss gekocht werden, bevor es als leicht bitteres Gemüse zum Beispiel in Gemüsekuchen, Frittate, Suppen oder Risotto weiterverarbeitet werden kann. Waldmeister lässt man zuerst mehrere Stunden welken, damit sein Duft voll zur Geltung kommt. Dann lässt man ihn 1 bis 2 Stunden in Wein oder Apfelsaft ziehen, um feine Maigetränke damit zu aromatisieren.

Verwechslungsgefahr

Das Wiesen-Labkraut kann mit verschiedenen anderen Arten aus der gleichen Familie verwechselt werden, die jedoch alle nicht giftig sind.

Oben: Wiesen-Labkraut *(Galium mollugo)* mit zarten, dichten Köpfchen. Die ganze Pflanze kann manchmal auch wie unten rechts rötliche Farben annehmen.
Unten links: *Galium odoratum*, der duftende Waldmeister, gehört zur gleichen Familie.
Mitte: Das Kletten-Labkraut *(Galium aparine)* kann einen undurchdringlichen, verfilzten Teppich bilden.

Labkraut-Margeriten-Salat

1 Prise Kräutermeersalz
1 TL Senf
1 EL Apfelessig
1 EL Wasser
3 EL Olivenöl
1–2 TL Farina bona (siehe Glossar)

In einer Salatschüssel alle Zutaten zu einer Sauce mischen.

1 Handvoll Wiesen-Labkraut-Spitzen
1 Handvoll Blätter und junge Triebe der Margerite (Seite 243)
1 Handvoll Grundrosetten von Maßliebchen (Seite 237)
einige Malvenblätter und -blüten sowie Schlüsselblumen

Die Kräuter mit der Sauce mischen und sofort servieren.

Kletten-Labkraut-Frittata

4–6 Handvoll Labkrauttriebe

Wenige Minuten in viel Salzwasser kochen, abgießen und auskühlen lassen. In 2 cm große Stücke schneiden.

5 Eier
3 EL Sherry
3 EL Tamari
50 ml Rahm
½ Knoblauchzehe, gepresst
1 Prise Kräutermeersalz

Die Eier mit den restlichen Zutaten verquirlen, das gekochte Kraut dazugeben und gut mischen.

1 EL Olivenöl

In eine warme beschichtete Bratpfanne geben, die Masse hineingießen und zugedeckt auf mittlerem bis kleinem Feuer stocken lassen.
Mit Hilfe eines flachen Deckels die Frittata wenden und auf der zweiten Seite noch ein paar Minuten braten. Warm oder kalt servieren.

Nicht nur die kleinen kugelförmigen Früchte des Kletten-Labkrauts haften an allem, die ganze Pflanze ist mit klettartigen Haaren versehen.

Schwarzer Holunder, Holder

Sambucus nigra
Geißblattgewächse

Blütendolden.

Habitat

Der Holunderstrauch wächst vom Flachland bis in die Berge gerne in Siedlungsnähe, um Ställe und Hütten oder am Waldrand; in höheren Zonen werden seine Standorte vom Roten Holunder *(Sambucus racemosa)* übernommen.

Erkennungsmerkmale

Diesen Strauch, der schnell verholzt und bis zu 6 Meter hoch wird, sieht man von weitem, wenn er blüht: Die großen, weißen, tellerartigen Blütenstände sind alle nach außen gerichtet, und auch ihr Duft ist von weitem zu erkennen. Die lange Blütezeit erleichtert das Sammeln. Später beschert uns diese in allen grünen Teilen stark riechende Pflanze ein weiteres Mal mit ihren Beeren, die an großen, dem Boden zugewandten doldigen Rispen hängen und auch bei Vögeln sehr beliebt sind. Die kleineren, leicht gelblichen Blüten des Roten Holunders sind traubenförmig, und auch die bei Vollreife roten Beeren sind damit kegelförmig angeordnet. Gemeinsam haben beide Arten die Blattform: Sie sind tief geteilt und spitz zulaufend. Alle grünen Teile der Pflanze können vor allem in rohem Zustand Durchfall und Übelkeit hervorrufen.

Pflücken und kochen

Gesammelt werden die Blüten und die vollreifen Früchte, alle anderen Teile sind ungenießbar. Generell gilt, dass die Beeren nur gekocht gegessen werden sollten, ein paar wenige reife Früchte frisch vom Baum sind jedoch unbedenklich. Aus den Blüten, von denen man die gröbsten Stiele entfernt hat, macht man Sirup, Sprudelgetränke, Tee sowie ausgebackene Küchlein, oder man mischt die frischen oder getrockneten Blüten Kuchen oder Brot bei. Ihr süßlicher, intensiver Duft erinnert manchmal an Ananas. Aus den Beeren bereitet man Saft oder Marmelade, Kuchen und Kekse zu; sie eignen sich aber auch für pikante Saucen, zum Beispiel zu Wild, oder als Füllung für Teigtaschen. Sie geben eine starke Farbe und haben einen süßen, fruchtigen Geschmack, jedoch wenig Säure, sodass ich sie oft mit Äpfeln, Birnen oder Quitten koche.

Verwechslungsgefahr

Nicht verwechseln sollte man den Schwarzen Holunder mit dem Zwerg-Holunder *(Sambucus ebulus)*, einer bis zu 2 Meter hohen krautigen Pflanze, die an ähnlichen Standorten wächst, jedoch nicht verholzt; er ist in allen seinen Teilen giftig. Die Staubblätter im Innern der Blüten sind rot oder rosa (beim Schwarzen Holunder sind sie gelb), und die Rispe ist aufrecht und steht einzeln.

Oben links: Nur die ausgereiften Holunderbeeren sind essbar.
Unten links: Der auf die gleiche Art verwendbare Rote Holunder ist in den Bergen anzutreffen.
Rechts: Dieser mächtige Holunderstrauch blüht im Garten der Casa Merogusto in Malvaglia.

Holunderblütensirup

Inspiriert von Karol Kovacovskys Buch »Dessertzauber«

Für 3 Liter Sirup:

1,5 l Wasser
2 kg Syramena-Zucker (oder anderer Rohrohrzucker, kein Vollrohrzucker!)

Den Zucker im warmen Wasser (maximal 40 Grad) auflösen.

20 große Holunderblütendolden, von groben Stängeln befreit
4 große Zitronen, Saft und fein abgezogene Schale
50 g Zitronensäure

Alle weiteren Zutaten dazugeben. Drei Tage an die Sonne stellen, ab und zu rühren. Eventuell ab und zu auf der Herdplatte erwärmen, aber nie über 40 Grad heiß werden lassen! Durch ein feines Tuch passieren, in sterilisierte Flaschen abfüllen und kühl lagern.

Tipps für die Verwendung: Prickelnd und erfrischend ist dieser Sirup mit kohlensäurehaltigem Wasser, im Winter mit heißem Wasser aufgießen. Für ein schnelles Dessert unter Vollmilchquark und für eine reichhaltigere Variante zusätzlich mit Schlagrahm mischen (siehe Bild Seite 228). Einen Fruchtsalat oder Erdbeeren damit anmachen, eventuell zusätzlich mit wenig geriebenem frischem Ingwer parfümiert.

Holunderblüten-Apfel-Kuchen

Kuchenteig nach Rezept Seite 105
100 g gemahlene Mandeln
3 Eier
250 ml Rahm
2 EL Quark
4 EL Birnendicksaft
100 g Holunderblüten, von den Stielen befreit
2–3 Äpfel, gerieben

Eine runde Kuchenform mit dem Teig auslegen. Auf dem Teigboden verteilen.

Die Zutaten für den Guss mit einem Schneebesen mischen.

Holunderblüten und Äpfel zum Guss geben und auf dem Teigboden verteilen. Im Ofen bei 180 Grad (wenn möglich nur mit Unterhitze) 50–60 Minuten backen. Vor dem Servieren auskühlen lassen.

Zum Holunderblüten-Apfel-Kuchen passen Fichtensprossensauce (Rezept Seite 33) und Akazienblüten mit Erdbeeren (Rezept Seite 154).

Holunderblütenküchlein

100 g Weißmehl 200 ml Milch 2 EL Birnendicksaft 1 Eigelb 1 Prise Salz	Alles mit einem Schneebesen mischen und 30 Minuten ruhen lassen.
1 Eiweiß	Steif schlagen und kurz vor dem Frittieren unter den Teig mischen. Er soll relativ flüssig sein (eventuell noch etwas Milch dazugeben).
Frittieröl 2–3 Handvoll Holunderblütendolden	In einer weiten Pfanne oder in der Fritteuse erhitzen. Jeweils im Teig schwenken und im heißen Öl frittieren; auf Küchenpapier abtropfen lassen.
Rohrohr-Puderzucker	Durch ein Sieb über die Küchlein verteilen und sofort servieren. Dazu passt gut eine Sauce aus Holunderbeeren-Apfel-Marmelade, verdünnt mit Holunderbeerensaft.

Feldsalat, echter Ackersalat, Rapunzel, Nüsslisalat

Valerianella locusta
Baldriangewächse

Habitat
Der Feldsalat ist ein kleines Pflänzchen, das in Trockenrasen, in Weinbergen, auf Feldern und den Wegen entlang wächst.

Erkennungsmerkmale
Die kleine Grundrosette – man findet sie schon sehr früh im Frühjahr, da sie im Herbst zu keimen beginnt – erinnert stark an den kultivierten Feld- oder Nüsslisalat; manchmal sind die Blätter etwas länger, jedoch immer sehr zart beim Anfassen, kahl und glänzend und mit etwas eingefurchten Nerven. Ihr Geschmack ist unverwechselbar: genau wie der gekaufte Salat, nur noch intensiver. Im April entwickelt sich aus der Grundrosette der sich mehrmals zweiteilende Stängel mit den weißen bis hellblauen kleinen Blüten.
Mehrere Jahre fand ich die Pflanze jeweils erst im blühenden Stadium, ohne sie als Nüsslisalat zu erkennen. Es braucht gute Augen, um die Pflanze zu finden, aber dann wird man belohnt, da oft ganze Felder davon vorhanden sind, wie wenn sie gesät worden wären.

Pflücken und kochen
Die Grundrosette des Feldsalats ist einer der zartesten und lieblichsten Wildsalate, er besitzt einen leichten Haselnussgeschmack ohne jede Bitterkeit. Er kann auch dann noch gepflückt werden, wenn der Stängel bereits wächst, natürlich aber nur die jüngeren Teile und bis zur Blüte; sobald sich die harten Samen bilden, ist die Pflücksaison endgültig vorbei.

Verwechslungsgefahr
In der jungen Wachstumsphase ähnelt der Feldsalat verschiedenen anderen jungen Pflanzen, am Geschmack ist er jedoch eindeutig zu unterscheiden. Es gibt noch andere ähnliche *Valerianella*-Arten, die aber seltener sind; sie sind alle nicht giftig.

Feldsalat mit Veilchen

1 Prise Kräutermeersalz ½ EL Balsamicoessig ½ EL Sherry 1 TL grober Senf 1 EL Haselnussöl 1 EL mildes Sonnenblumenöl	In einer Salatschüssel mischen.
4 Handvoll Feldsalat 1 Handvoll junge Veilchenblätter 1 Handvoll Veilchenblüten	Alles mit der Sauce vermischen und sofort servieren.

Oben: Echter Ackersalat im kahlen Rebberg.
Unten links: An geschützten Orten ist er schon im Winter zu finden.
Unten rechts: Wenn er in die Blüte geht, kann man noch die oberen Spitzen genießen.

Familie der Korbblütler

Die Korbblütler oder Korbblütengewächse sind eine sehr große Familie mit vielen einander sehr ähnlichen Arten. Ihr wichtigstes Merkmal sind die Blütenstände, die eine Art Kopf oder Korb bilden. Diese Scheinblüten sind aus vielen kleinen Blüten zusammengesetzt – eine kluge Einrichtung der Pflanze. Innerhalb der Blütenköpfe kann es zwei verschiedene Blütentypen geben. Bei der Margerite zum Beispiel sind die weißen, äußeren Zungenblüten, die gelben inneren hingegen sind Röhrenblüten. Da es auch bei dieser Familie essbare und giftige Pflanzen gibt, sollte man folgende, wenn auch empirische Regel beachten:

- Pflanzen, deren Kopf nur aus Zungenblüten besteht, sind normalerweise essbar; zu dieser Gruppe gehören viele Pflanzen mit löwenzahnartigen Blättern. (Man sagt, dass diese untereinander schon immer ohne weitere nachteilige Konsequenzen vom Menschen verwechselt wurden.)
- Pflanzen mit beiden Arten von Blüten innerhalb des Blütenkorbs muss man genauer zu unterscheiden lernen, da es darunter sowohl essbare (wie die Margerite) wie auch giftige Arten (wie Arnika) gibt.
- Pflanzen mit ausschließlich Röhrenblüten sind meist ungenießbar bis giftig.

Da diese Merkmale erst in der Blütezeit zu beobachten sind und zu diesem Zeitpunkt die Blätter bereits zu ledrig sind, muss man sich die entsprechenden Standorte merken und kann die so gewonnenen Kenntnisse erst im folgenden Jahr anwenden.

Viele Pflanzen aus dieser Familie bilden seit jeher den klassischen Wildsalat, der in vielen Regionen der Welt roh oder gekocht konsumiert wird. Auch unsere Salate gehören zu dieser Gruppe, leider wurde ihnen aber durch Züchtung immer mehr ihrer typischen Bitterkeit genommen.

Die bekanntesten kultivierten Pflanzen aus dieser Familie sind: Lattich, Endivie und Zichorie, Artischocke, Kardy, Sonnenblume und Topinambur, Schwarzwurzel und Haferwurz, Kamille und Wermut. Die Fotos zeigen weitere essbare Wildpflanzen aus dieser Familie, die hier nicht beschrieben werden. (Für die Küchenpraxis mit bitteren Salaten siehe Seite 140 und 276.)

1

2

3

4

5

6

7

1 Die jungen Blätter der Schafgarbe, *(Achillea millefolium)* sind essbar.

2/3 Der Kompass-Lattich *(Lactuca serriola)* stellt seine Blätter senkrecht. Schon im frühen Stadium weisen seine zarten Blätter Stacheln auf dem Hauptblattnerv auf.

4 Feiner frischer Mauerlattich, *(Mycelis muralis)*.

5 *Carduus personata*, Kletten-Distel. Die Disteln gehören ebenfalls zu dieser Familie und sind grundsätzlich essbar.

6 Die ebenfalls essbare Wegwarte *(Cichorium intybus)* findet überall noch genügend Erde.

7 Der in allen Teilen schmackhafte Wiesenbocksbart *(Tragopogon pratensis)* ist leider rar geworden.

Kanadische Goldrute

Solidago canadensis
Korbblütler

Habitat

Die Kanadische Goldrute ist eine mehrjährige Pflanze, die in großen Kolonien an Wasserufern, aber auch in trockenem Ödland und in Auenwäldern wächst. Dank ihrer Fähigkeit, sich durch Wurzelsprosse zu verbreiten, ist sie oft eine starke Konkurrenz zur einheimischen Flora. Sie ist ein invasiver Neophyt und steht auf der Schwarzen Liste. Obwohl sie immer noch als dekorative Blume in Gärten angepflanzt wird, ist darauf zu achten, dass sie sich nicht ausbreitet.

Erkennungsmerkmale

Wie für viele Pflanzen dieser Familie ist es ratsam, sie über ein ganzes Jahr zu beobachten, um sie im folgenden Jahr dann zu erkennen. Im Frühjahr sprießt sie schon sehr früh aus dem Boden; die langen, schmalen, haarigen oder glatten Blätter wachsen rund um den Stängel herum, der am Anfang noch rot sein kann, später grün ist. Er wird bis zu 2,5 Meter hoch und blüht im Spätsommer mit auffallenden gelben Blütenständen; die kleinen Blütenköpfe wachsen an Rispen, die in Pyramidenform angeordnet sind und oft auf eine Seite fallen. Im Winter stirbt der krautige Teil ab, wobei die vielen dürren Stängel noch lange sichtbar bleiben.

Die Spätblühende Goldrute *(Solidago gigantea)* ist sehr ähnlich, wird aber nur 120 Zentimeter hoch, ebenso die Echte Goldrute *(Solidago virgaurea)*, die aber größere Blüten an nicht so ausladenden Rispen hat.

Pflücken und kochen

Von all diesen Arten der Goldrute isst man im Frühjahr die ganz jungen Pflanzenteile: die neuen Sprosse oder Triebspitzen, die gerade aus dem Boden geschossen sind, sowie die obersten, zarten Blätter. Der Stängel muss geschält werden, da die Haut zu zäh ist; um die Geduld nicht zu sehr zu strapazieren, sollte man nur die dickeren Stängel ernten und zwar an dem Punkt, wo sie noch elastisch sind. Man isst sie vor allem gekocht und verarbeitet als Salat oder wie Spargeln. Der balsamische, süße Geschmack erinnert an Harz. Mit den Blüten kann Tee zubereitet werden.

Verwechslungsgefahr

An den gleichen Standorten wächst auch *Solidago gigantea*, die genauso gebraucht werden kann, aber ebenfalls als invasiver Neophyt gilt.

Oben links und unten: Die Goldrute kann man wie Spargeln ernten. Man muss darauf achten, die dickeren Sprosse zu sammeln, da man sie noch schälen muss.
Oben rechts: Die blühende Pflanze ist sehr dekorativ.

Goldrute mit Chili und Kartoffeln

3–4 Handvoll Goldrutensprosse

Die Stängel schälen und nur die obersten Blätter daranlassen. In Salzwasser 2–3 Minuten kochen und abgießen.

4 Kartoffeln, gekocht, geschält und in Scheiben geschnitten
½ Peperoncino, in Ringe geschnitten
1–2 EL Olivenöl

Das Öl in eine warme Bratpfanne geben, Chili und Kartoffeln darin 5–10 Minuten anbraten, die Goldrute dazugeben und unter stetem Wenden einige Minuten weiterbraten.

1 Knoblauchzehe, gepresst

Dazugeben und noch 15 Sekunden mitbraten.

1 Prise Kräutermeersalz

Würzen und heiß als Beilage oder lauwarm mit einem Zitronenschnitz als Vorspeise servieren.

Gänseblümchen, Maßliebchen, Margritli

Bellis perennis
Korbblütler

Habitat

Das Gänseblümchen ist eine kleine mehrjährige Pflanze, die in Wiesen, auf Rasen, in Parks und auf Weiden allgegenwärtig ist. Es überlebt gut auf stark beanspruchten Fluren und bei regelmäßigem Schnitt.

Erkennungsmerkmale

Die untersten Blätter der Grundrosette drücken sich fest an den Boden, so dass keine anderen Pflanzen sie stören können; das ist zuweilen auch der Grund dafür, dass manche das Gänseblümchen aus ihrem Rasen vertreiben wollen. Seine kleinen, löffelförmigen, haarigen Blätter entfalten sich ständig neu, ebenso die Blütenköpfe, die von Anfang Frühjahr bis spät in den Herbst hinein blühen. Sie öffnen sich tagsüber, abends und bei Regen schließen sie sich wieder.

Pflücken und kochen

Die Grundrosette des Gänseblümchens ist ein klassischer Bestandteil von gemischten Feldsalaten. Man pflückt sie vor allem im Frühjahr oder im Herbst die frisch nachgewachsene Rosette, indem man sie wie Nüssli- oder Feldsalat auf der Höhe der grüneren Blätter durchschneidet und die gelben Blätter am Boden stehen lässt. Am zartesten und knackigsten sind die Blätter, wenn die Pflanze noch nicht zu viele Blüten entwickelt hat. Noch geschlossene Blütenknospen kann man wie Kapern in Essig oder Öl einlegen; gerade erst geöffnete Blüten sind eine Augenweide auf jedem Salat. Wo Gänseblümchen üppig ums Haus herum gedeihen, kann man sich aber auch den Luxus erlauben, daraus eine Suppe zu kochen oder sie gehackt aufs Butterbrot zu geben. Nach dem Sammeln neigen die Blüten dazu, sich wieder zu schließen; gibt man sie dann kurz vor dem Servieren auf die warmen Speisen, werden sie sich vor den erstaunten Augen der Gäste langsam wieder öffnen. Der Geschmack des Gänseblümchens ist leicht aromatisch; es kann im Hals etwas kratzen, weshalb man es für die rohe Verwendung vorzugsweise mit anderen Kräutern mischt.

Verwechslungsgefahr

In den Bergen gibt es verschiedene kleinwüchsige »Margriten«, weiß-gelbe bis rosa- oder violett-gelbe Varianten; sie stammen alle aus der *Aster*-Gattung und sind oft rar. Andere Formen findet man kultiviert in Gärten. Sie alle sind grundsätzlich essbar.

Gänseblümchensuppe

50 g Schalotte, gewürfelt 100 g Petersilienwurzel, gewürfelt 200 g mehlige Kartoffeln, gewürfelt 1 EL Bratbutter	In einem hohen Topf schmelzen und das Gemüse darin 10 Minuten auf kleinem Feuer andünsten.
1 l Wasser 3 Lorbeerblätter 1 EL Gemüsebrühepulver	Dazugeben und kochen, bis das Gemüse gar ist. Die Lorbeerblätter entfernen, die Suppe mit dem Mixstab pürieren und wieder aufs Feuer stellen.
200 ml Rahm 3 EL Sherry 3–4 Handvoll Gänseblümchenblüten	Die Blütenköpfe grob hacken und mit Rahm und Sherry zur Suppe geben; nochmals 5 Minuten kochen.
½ Handvoll Gänseblümchenblüten	Die Suppe in die Teller verteilen, mit Blüten bestreuen und sofort servieren.

Tipp: Blüten, die bereits ein paar Stunden zuvor gepflückt wurden, sind geschlossen, öffnen sich aber auf der warmen Suppe wieder.

Gänseblümchenquark mit Lärche

2 EL Gänseblümchen-Blütenköpfe, sehr fein gehackt 2 EL Lärchenschösslinge	Die feinen Blätter vom holzigen Teil befreien und fein hacken.
120 g Vollmilchquark 1 EL Olivenöl 1 Prise Kräutermeersalz	Alle Zutaten mischen und als Dip zu rohem Gemüse, zu Kartoffeln in der Schale oder auf Cracker zum Aperitif servieren. (Bild Seite 137)

Tipps: Für eine Salatvariante siehe Seite 222. Um Gänseblümchen-Blütenköpfe als »Kapern« einzumachen, siehe Rezept Seite 282).

Fast endlos ist die Blütenproduktion. Und solche essbaren Teppiche soll man aus dem Rasen ausmerzen? Die Grundrosetten des Maßliebchens (unten) sind im Frühjahr am zartesten.

Bewimpertes Knopfkraut, Franzosenkraut

Galinsoga ciliata
Korbblütler

Habitat

Das ursprünglich aus Mittel- und Südamerika stammende und bei uns als Neophyt eingewanderte Knopfkraut ist ein berüchtigtes Unkraut in Feldern, Weinbergen und Gärten. Es sprießt vom späten Frühjahr bis im Herbst nach Umgraben und Störung des Bodens oder nach der Unkrautvertilgung.

Erkennungsmerkmale

Sobald die Pflanze aus dem Boden sprießt, entwickelt sie einen Stängel mit gegenständigen, ovalen, haarigen Blättern, die jeweils an den Verzweigungen ansetzen. Die Pflanze erreicht eine Höhe von 10 bis 60 Zentimetern; alleinstehende Pflanzen werden buschartig. Wo das Knopfkraut guten Boden findet, wachsen die Pflänzchen dicht nebeneinander, und die obersten, horizontal stehenden Blätter bilden einen Teppich, der sehr einfach zu pflücken ist. Die Blüten sehen aus wie kleine Margeriten, allerdings mit nur 4 bis 5 weißen Zungenblüten pro Kopf. Schon beim Berühren verbreitet die Pflanze den typischen, balsamischen Duft.
Eine nahe Verwandte ist das etwas weniger verbreitete Kleinblütige Knopfkraut *(Galinsoga parviflora);* es ist unbehaart und glänzend.

Pflücken und kochen

Die sehr jungen Blätter und Pflanzenspitzen beider Arten sind eine schmackhafte Basis für Salate. Die ganze Pflanze, von den zäheren Stängeln befreit, ergibt gekocht einen wohlschmeckenden Spinat, eignet sich als Füllung für pikante Kuchen und Cannelloni, in Suppen oder als Eintopf mit Gemüse und Kartoffeln. Der charakteristische, aromatische Geschmack erinnert roh an Schnittsalat.
In Mittel- und Südamerika sowie in Asien wird die Pflanze allgemein als Gemüse verwendet. In Kolumbien ist das dort Guasca genannte Kraut eine unentbehrliche Zutat für die bekannte Kartoffel-Hühner-Suppe *Ajiaco.*

Verwechslungsgefahr

Keine.

Rechte Seite:
Oben: Ab Mai zeigt sich das Knopfkraut als Unkraut im Garten.
Unten links: Es wächst schnell und beschattet die Kulturpflanzen.
Unten rechts: Die haarigen Stängel verzweigen sich mehrmals.

Rahm-Knopfkraut

1 EL Bratbutter	In einer Pfanne schmelzen.
2 Frühlingszwiebeln, in Scheiben geschnitten	2–3 Minuten andünsten.
4 Handvoll Knopfkraut	
1 TL Gemüsebrühepulver	In die Pfanne geben, wenden und zugedeckt 5 Minuten garen.
100 ml Rahm	Dazugeben und nochmals 2 Minuten kochen. Als Beilage servieren.

Kartoffel-Knopfkraut-Kroketten

100 g Knopfkraut, Blätter und junge Triebe	In einem Topf mit wenig Wasser auf mittlerem Feuer 1–3 Minuten zusammenfallen lassen, auskühlen lassen und die darin noch enthaltene Flüssigkeit auspressen. Grob hacken und beiseite stellen.
200 g Kartoffeln	Schälen und in feine Streifen (Julienne) schneiden, eventuell mit einem Tuch etwas abtrocknen.
1 Ei, verquirlt	
1 Prise Salz	
1 Schalotte, in Ringe geschnitten	
schwarzer Pfeffer aus der Mühle	Kartoffeln und Kraut mit allen weiteren Zutaten in einer Schüssel gut mischen.
2 EL Bratbutter	In einer Bratpfanne schmelzen. Die Kartoffelmasse in kleinen Häufchen in die Pfanne geben, flach drücken und auf kleinem Feuer goldgelb braten. Die Küchlein wenden und auf der zweiten Seite nochmals einige Minuten braten. Heiß als Beilage servieren.

Kartoffel-Knopfkraut-Kroketten als Beilage zum Beispiel zu Lammkotelett mit Feld-Thymian.

Margerite

Leucanthemum vulgare
Korbblütler

Habitat

Die Wiesen-Margerite ist ein mehrjähriges Kraut, das vom Flachland bis in die Berge in mittelfetten Wiesen, in lichten Wäldern und auf Weiden sehr verbreitet ist.

Erkennungsmerkmale

Die Margerite ist vielleicht die populärste Pflanze überhaupt. Bevor sich jedoch die bekannten Blütenköpfe zeigen, ist die Pflanze schwer zu erkennen. Die kleinen Blätter der Grundrosette sind umgekehrt keulenförmig, haben einen gezackten Rand und eine dunkelgrüne Farbe, dunkler als die umliegenden Pflanzen. Die Blättchen und die jungen Triebe können auch ganze Kissen von 10 bis 20 Zentimeter Durchmesser bilden, was im Frühjahr das Pflücken erleichtert. Typisch ist der Geschmack: Er erinnert an Chrysanthemen. Am besten lernt man ihn an der erwachsenen Pflanze kennen, um ihn dann im folgenden Jahr an den jungen Blättern wiederzuerkennen.

Pflücken und kochen

Die jungen, vor der Blüte gepflückten Blätter sind eine schmackhafte Zugabe zu Frühlingssalaten; ihr Aroma passt auch gut zu Kartoffel- oder Reissalat. Die jungen Triebe mit Knospen ergeben gebraten ein feines Gemüse. Die noch geschlossenen Blüten können wie Kapern eingemacht werden. Alle Blütenteile sind eine willkommene essbare Dekoration.

Verwechslungsgefahr

Vor der Blüte können die jungen Blätter verschiedenen anderen Pflanzen im Jungstadium ähneln. Der Geschmack, die Form und die dunkle Farbe helfen aber die Pflanze zu erkennen.

Die jungen Margeritenblätter (oben links) sind sehr schmackhaft. Die Blätter der Grundrosette (unten) sind dunkelgrün; sie können auch ganze Kissen bilden.
Wenn die Blüten offen sind (oben rechts), kann man die gezupften Blütenblätter über den Salat streuen.

Margeritensprosse mit Kürbis und Sesam

3 Handvoll Margeritensprosse
In Salzwasser 2 Minuten kochen, abgießen und beiseite stellen.

100 g Kürbiswürfel (z.B. Potimarron)
1 EL Olivenöl
In eine warme Bratpfanne geben und den Kürbis darin auf starkem Feuer unter Wenden goldbraun braten, dann die Hitze reduzieren. Würzen.

1 Prise Kräutermeersalz
1 EL Sesamsamen, geröstet
1 Knoblauchzehe, gepresst
Dazugeben und 15 Sekunden mitbraten, dabei (eventuell unter Zugabe von wenig Öl) den Knoblauch gut verteilen.
Die vorgekochten Margeritensprosse dazugeben, wenden und nochmals ein paar Minuten erwärmen.
Als Beilage oder lauwarm als Vorspeise servieren.

Variationen: Probieren Sie es einmal mit gebratenen Zwiebeln oder frischem Ingwer. Mit Tamari gewürzt, schmeckt das Gericht noch asiatischer.

Asiatisches Trio.
Links: Margeritensprosse mit Kürbis und Sesam,
rechts: Gebratener Reis mit Pestwurz (Rezept Seite 253),
vorne: Bärlauchknospen mit Karotten und Ingwer (Rezept Seite 303).

Gemeiner und Verlotscher Beifuß, Gewürzbeifuß, Wilder Wermut

Artemisia vulgaris, A. verlotiorum
Korbblütler

Habitat

Der Beifuß wächst als ausdauernde Pflanze auf Schuttplätzen, entlang von Bahngeleisen und Flüssen sowie auf steppenartigen, verlassenen Flächen. Vor allem *Artemisia verlotiorum* ist auf Feldern und in Weinbergen ein gefürchtetes Unkraut.

Erkennungsmerkmale

Beide Arten sind einander sehr ähnlich und wachsen oft am gleichen Standort. Die jährlich neuen Triebe verholzen schnell und können 2 Meter Höhe erreichen, auf fetten Böden sogar mehr. Die Unterseite der gefiederten Blätter ist mit einem silbrigen Flaum überzogen. Beim Gemeinen Beifuß geht aus dem Wurzelwerk jeweils eine Gruppe von Stängeln hervor, während der Verlotsche Beifuß sich über seine Kriechwurzeln, die unmöglich vollständig auszureißen sind, regelmäßig zu teilen vermag und dadurch kaum mehr auszurotten ist. Er kann ganze Flächen bedecken, sodass andere Pflanzen keine Wachstumschance haben. Der Verlotsche Beifuß blüht im späteren Herbst, der Gemeine Beifuß etwas früher. Der für uns wichtigste Unterschied ist jedoch der Duft: *Artemisia verlotiorum* besitzt das bessere, intensivere Aroma.

Pflücken und kochen

Die ganz jungen Blätter des Beifußes verwendet man frisch, sehr fein gehackt, als würzige Zugabe in Salaten, Cremen, Frischkäse usw. Man kann aber auch die ganze Pflanze vor dem Aufgehen der Blüten pflücken und trocknen. Sie dient zur Aromatisierung von Sirup, Wein oder Likör, aber auch von verschiedenen Eintöpfen. Die in der Pflanze enthaltenen Bitterstoffe helfen, Fett zu verdauen, weshalb Beifuß traditionell mit Schweinebraten oder Gans mitgekocht wird. Der liebliche, balsamische Duft erinnert ein wenig an Rosmarin, der Geschmack ist etwas bitter.

Verwechslungsgefahr

Im Anfangsstadium kann Beifuß mit verschiedenen anderen Pflanzen, die ebenfalls gefiederte Blätter haben, verwechselt werden, zum Beispiel mit solchen aus der Familie der Doldenblütler, zu denen auch giftige Arten gehören. Einige Beifuß-Arten wachsen vor allem im Berggebiet und sind zum Teil geschützt, wie *Artemisia genipi;* viele sind bei Berührung stark duftend, wie zum Beispiel der Echte Wermut *(Artemisia absinthium).*

Links oben: Der Verlotsche Beifuß *(Artemisia verlotiorum)* dringt überall ein. Mit seinen dichten Kolonien (rechts unten) erstickt er alle anderen Pflanzen.
Links unten: Der Gemeine Beifuß, *Artemisia vulgare*, wächst aus einem einzigen Wurzelstock.
Auch die Blüten des Verlotschen (rechts oben) und des Gemeinen Beifußes (rechts Mitte) sind aromatisch.

Diese Seite: Sammelgut von *Artemisia verlotiorum.*

Schweinekotelett mit Beifuß

1 Handvoll junge Beifußblätter	Ganz fein hacken und in zwei gleich große Portionen teilen.
1 Ei 1 EL Tamari 1 Prise Kräutermeersalz	Gewürze und Ei mit der einen Hälfte des Krauts in einem tiefen Teller gut vermischen, beiseite stellen.
6 EL gemahlene Brotbrösel	In einem zweiten Teller mit der zweiten Hälfte des Krauts vermischen.
4 Schweinekoteletts 2 EL Mehl	Das Fleisch beidseitig mit Mehl bestäuben, zuerst in der Eimischung, dann in den Brotbröseln wenden.
2–3 EL Bratbutter	In einer Bratpfanne erhitzen, das Fleisch auf beiden Seiten auf mittlerem Feuer goldbraun braten.

Tipps: Beifuß passt auch gut zu Linsen, Bohnen oder Kichererbsen oder gemischt mit anderen aromatischen Kräutern in Quark- oder Frischkäsedips. Man kann ihn unter den Crêpeteig oder in die Gnocchi- oder Knödelmasse mischen.

Schweinekotelett mit Beifuß, serviert mit Gundelrebenkartoffeln (Seite 198), Wicke mit Speck (Seite 159), gebratenen Nachtkerzenwurzeln (Seite 165) und Chili-Goldrute (Seite 236).

Pestwurz

Petasites hybridus
Korbblütler

Habitat

Die Rote oder Gewöhnliche Pestwurz bildet in Ufernähe, an feuchten, verlassenen Orten und in Erlenwäldern große Kolonien. Man findet sie vom Flachland bis in mittlere Höhen, in größerer Höhe gedeiht die Weiße Pestwurz *(Petasites albus),* die man oft an Wegrändern, an feuchten, kiesigen Stellen und in wasserreichen Wäldern antrifft.

Erkennungsmerkmale

Die Pestwurz hat die Eigenschaft, zuerst die Blüte zu entwickeln; erst beim Verblühen wachsen die ersten Blätter aus dem Boden. Sie haben einen langen, dicken Blattstiel und einen feinen weißlichen Flaum, der mit der Zeit verschwindet. Der Blattstiel kann bis 120 Zentimeter hoch und die Blätter bis 60 Zentimeter breit werden, bei idealen Bodenbedingungen sogar mehr; sie sehen aus wie umgekehrte Regenschirme. Die jungen Blätter sind aufgerollt wie eine Pfeilspitze. Beim Brechen riecht man den typischen, an Seife erinnernden Geruch. Die Blätter der Weißen Pestwurz sind insgesamt kleiner, und die Unterseite ist vollständig mit einem weißen Filz bedeckt; auch ihre Blüte ist weiß.

Pflücken und kochen

Vor allem der Stängel der jungen Blätter schmeckt, geschält und gekocht, sehr gut, zum Beispiel als Salat. Die gekochten Stängel können auch mit Mehl bestäubt oder in Ausbackteig gewendet frittiert werden. Auch die jungen Blätter können gekocht gegessen werden. Sie eignen sich besonders, um darin verschiedene Füllungen einzuwickeln, die dann gedämpft oder grilliert werden. Der Geschmack ist eigenartig duftend, anhaltend, süßlich. Eine nah verwandte Art wird in Japan für kulinarische Zwecke angepflanzt. Da vor allem in den Wurzeln der Pestwurz leberschädigende und krebserregende Substanzen gefunden wurden, sollte sie nicht in allzu großen Mengen konsumiert werden (siehe auch Seite 255).

Verwechslungsgefahr

Nach der Blüte können die verschiedenen Pestwurz-Arten untereinander verwechselt werden, aber alle sind essbar. Die Blattform ist den Alpendost-Arten (*Adenostyles* spp.) ähnlich, die an den gleichen Standorten wachsen, aber nicht essbar sind. Die Pestwurz ist jedoch an ihrem typischen Geruch erkennbar; zudem sind die Blattnerven der Pestwurz gegenständig, während sie beim Alpendost abwechselnd sind.

Oben: Man findet die Pestwurz an feuchten Standorten.
Die jungen Pestwurzblätter sind noch eingerollt (linke Seite). Sie können sehr groß werden.
Wenn sich die Blätter bilden, sind die Blüten schon verblüht (rechts unten).

Pestwurzstängel mit Ingwer und Tamari

2 Handvoll Pestwurzblattstängel, geschält	In Salzwasser zirka 3 Minuten kochen, abschütten und in Stücke schneiden.
1 EL Olivenöl	In einer Bratpfanne erhitzen.
2 violette Karotten, in Stifte geschnitten	Im Öl auf starker Hitze 5 Minuten anbraten.
1 EL frischer gehackter Ingwer	Mit den gekochten Pestwurzstängeln zu den Karotten geben und weitere 2–3 Minuten braten. Vom Feuer nehmen.
1–2 EL Tamari	Daruntermischen. Als Beilage oder mit etwas Zitronensaft beträufelt als Vorspeise servieren.

Gebratener Reis mit Pestwurz und Tofu

200 g Voll-Langkornreis	In der doppelten Menge Wasser ohne Salz kochen, auf der ausgeschalteten Herdplatte ausquellen und eventuell auskühlen lassen. Oder bereits vorgekochten Reis verwenden.
2 Handvoll junge Pestwurzblätter	Die Blätter von den Stängeln trennen. Die Stängel schälen, indem man die dünne äußere Schicht abzieht. Stängel und Blätter 3 Minuten in Salzwasser kochen und abgießen. Die Stängel in Stücke schneiden und beiseite stellen.
100 g marinierter Tofu (Rezept Seite 45)	Den Tofu in Stücke passender Größe schneiden, in die gekochten Pestwurzblätter wickeln (nach Belieben zusätzlich mit gehackten Nüssen bestreut oder mit Wasabi bestrichen) und über Dampf 10 Minuten garen; warm halten.
100 g marinierter Tofu, gewürfelt 1 kleine Zwiebel, in Scheiben geschnitten 4–6 Champignons, in Scheiben geschnitten 1 EL mildes Sonnenblumenöl	In einer beschichteten Bratpfanne erhitzen, Tofu, Zwiebel und Champignons bei starkem Feuer anbraten, bis sie Farbe annehmen.
¼ Peperoncino, gehackt 1 TL gehackter Ingwer	Dazugeben und noch 1 Minute weiterbraten. Reis und Pestwurzstängel dazugeben, öfter wenden und weiterbraten, bis der Reis warm ist.
3 EL Sherry	Abschmecken. Mit dem in die Blätter eingewickelten Tofu servieren.

Oben links: Die noch geschlossenen Blütenstände des Huflattichs tarnen sich gut.
Oben rechts: Sobald die Blüten offen sind, wachsen die Stängel schnell und werden zäh.
Unten: Die Blätter erscheinen nach der Blüte; die ganz jungen haben einen feinen weißen Filz.

Huflattich

Tussilago farfara
Korbblütler

Habitat

Der Huflattich wächst auf Sand und Kies, in Gruben und Flüssen entlang; er gedeiht vom Flachland bis in die Alpen, wo man ihn oft im Spätfrühling, sobald der Schnee schmilzt, antrifft.

Erkennungsmerkmale

Wie die Pestwurz bildet auch der mehrjährige Huflattich sehr zeitig im Frühjahr zuerst die Blüte und danach erst die Blätter. Der von weitem sichtbare gelbe Blütenstand, der sich aus unzähligen schmalen, langen Zungenblüten zusammensetzt, befindet sich auf einem grünen bis roten, mit bräunlichen Schuppen bedeckten Stängel. Zum Zeitpunkt der Blüte ist dieser 5 bis 20 Zentimeter hoch, danach wächst er jedoch weiter und wird dabei immer dünner und biegsamer. Die Oberseite der herzförmigen Blätter ist anfangs mit einem grauen Filz überzogen, der später verschwindet; die Blattunterseite bleibt hell-filzig. Als Kind machten wir aus den Blättern Schneewittchen-Spiegel, indem wir den Blattfilz mit den Fingern nach außen aufrollten.

Pflücken und kochen

Der junge Blütenstand mit dem ganzen, noch prallen Stängel und den noch halb geschlossenen Blüten ist eine Delikatesse. Man kann ihn zu Suppen, Risotti oder Frittate verwenden oder auch, roh oder gekocht, als Salat. Das Waschen braucht manchmal viel Zeit, da sich in den Stängelschuppen Sand befinden kann. Der Blattstängel und die noch jungen Blätter ergeben ein sehr schmackhaftes Gemüse. Der Geschmack ist intensiv, ähnlich dem der Pestwurz, nur feiner und an Harz erinnernd.
Wie die Pestwurz enthält auch der Huflattich leberschädigende Pyrrolizidinal-Alkaloide, die sich, als Extrakt und über lange Zeit verabreicht, bei Labortieren (Mäusen und Fliegen) schädlich ausgewirkt haben. Angesichts dessen, dass die Pflanze seit jeher vom Menschen gegessen wurde und nie direkt gesundheitliche Störungen festgestellt wurden, betrachte ich einen maßvollen Konsum der Pflanze wenige Male pro Jahr als unbedenklich (siehe auch Anhang, Seite 313).

Verwechslungsgefahr

Huflattich wächst an den gleichen Standorten wie Pestwurz, ist aber deutlich kleiner.

Gebratene Huflattichblüten

1 EL mildes Sonnenblumenöl
3 Handvoll Huflattich-Blütenstände

Eine Bratpfanne sehr heiß werden lassen, das Öl und sofort die Blüten hineingeben und auf starker Hitze goldbraun braten.

1–2 EL Tamari

Die Pfanne vom Feuer nehmen, Tamari beigeben und unter schnellem Wenden daruntermischen. Als Snack oder Vorspeise servieren.

Große Klette

Arctium lappa
Korbblütler

Sammelgut: Triebsprosse.
Unten: Die Klettenwurzel nach dem ersten Wachstumsjahr.

Habitat

Die Klette ist eine auffallende Pflanze, die am Rand von Wegen, Straßen, Gräben und Weiden, auf Schuttplätzen sowie an leicht schattigen Orten wächst. Sie liebt nährstoffreichen Boden und kann sowohl in großen Gruppen wie auch in wenigen Exemplaren vorkommen.

Erkennungsmerkmale

Im ersten Jahr bildet die Klette viele große, am Grund herzförmig-ovale Blätter mit gewelltem Saum und mit einem hellen Filz überzogener Unterseite. Der lange, violette Blattstiel wird bis 1 Zentimeter dick und ist an der Basis gefüllt; dies unterscheidet die Große Klette von der kleineren Art *Arctium minus,* deren Stiel hohl ist. Im zweiten Jahr entwickelt sich ein kräftiger, violett-grauer, verzweigter Stängel, der bis zu 2 Meter hoch werden kann. Die kugeligen violetten Blüten sind von wie Stacheln aussehenden Hüllblättern umgeben, deren Spitze hakenartig gekrümmt ist, wodurch sie an Kleidern wie auch am Fell von Tieren haften bleiben. Dies hat Kinder seit jeher zu lustigen Scherzen verleitet, zugleich aber auch zu der nützlichen Erfindung des Klettverschlusses inspiriert.

Pflücken und kochen

Man verwendet die jungen Blätter, vor allem deren fleischige Stiele, gekocht und in kurze Stücke geschnitten oder durch ein Sieb gestrichen, damit die etwas zähen Nerven nicht stören. Die im zweiten Jahr geernteten ganz jungen Stängel kann man im Ganzen essen, später müssen sie geschält werden; kurz gekocht, sind sie eine Delikatesse, die klar nach Artischocken schmeckt. Die am Ende des ersten Jahres gestochene Pfahlwurzel schmeckt roh oder gekocht sehr gut. Sie sollte jedoch nur dort geerntet werden, wo wirklich zahlreiche Pflanzen vorhanden sind, um den Bestand nicht zu gefährden. In Japan wird die Pflanze für kulinarische Zwecke angebaut.

Verwechslungsgefahr

Man kann sie mit den anderen Kletten-Arten verwechseln, die jedoch ebenso essbar sind. Von weitem können größere Kolonien mit solchen der Pestwurz (siehe Seite 249) verwechselt werden; deren Blätter sind jedoch runder und nicht so gewellt. Unwahrscheinlicher ist eine Verwechslung mit der Königskerze, die eine sehr bodennahe Grundrosette und schmalere, spitz zulaufende Blätter hat.

Die Klette ist eine stattliche Pflanze.
Die Blattstiele können von der Grundrosette gepflückt werden (rechts oben).
Rechts unten: In diesem Stadium kann man den Stängel pflücken.
Links unten: Nicht nur den dicken Stängel, auch das Mark der Seitenblätter kann man verwerten.
Unten Mitte: Die Blütenköpfe können sich an den Pelz von Tieren und an Kleider heften.

Kletten-Zwiebel-Kuchen

160 g junge Klettenblattstängel (15–20 Stück)	Die Stängel abbürsten, in ½ cm breite Stücke schneiden und in wenig Salzwasser 3 Minuten kochen. Abgießen und beiseite stellen.
150 g rote Zwiebeln, in Scheiben geschnitten 1 EL Olivenöl	In einer Pfanne erwärmen und die Zwiebeln darin leise dünsten, bis sie zusammenfallen; erkalten lassen.
2 EL schwarze Oliven »à la grèque«, gehackt 10 Sardellenfilets, gehackt schwarzer Pfeffer aus der Mühle 2 Zweiglein frischer junger Lorbeer	Die zarten Lorbeerblätter sehr fein hacken und zusammen mit allen anderen Zutaten in einer Schüssel gut vermischen.
1 Portion Blätterteig, ausgerollt	Ein Kuchenblech damit auslegen und die Kletten-Zwiebel-Mischung in einer dünnen Schicht darüber verteilen.
1–2 EL Olivenöl	Über den Kuchen träufeln und diesen im 180 Grad heißen Ofen 30–40 Minuten backen. Lauwarm als Vorspeise oder Snack servieren.

Kletten-Flan mit Klettensprossen

Für 4 Portionen-Souffléförmchen

4–6 junge Klettentriebe	Die Blätter von den Trieben abbrechen und den Blattstängel vom Blatt trennen (Blätter werden nicht verwendet). Die Blattstängel in wenig Salzwasser 3–4 Minuten weich kochen, abgießen und durch ein Sieb pressen; vom Püree 75 g abmessen und beiseite stellen. Den Haupttrieb schälen und das Herz in 2 cm breite Stücke schneiden. 2 Minuten in ganz wenig Salzwasser kochen und ebenfalls beiseite stellen.
75 g Klettenpüree 25 g Rahm 1 Prise Kräutermeersalz 1 Ei 1 EL Sherry	Alle Zutaten gut vermischen. Portionenförmchen mit Öl ausstreichen, die Masse einfüllen und mit Klarsichtfolie zudecken. Über Dampf 20–30 Minuten garen, bis die Masse gestockt ist.
Für das Kletten-Sprosse-Gemüse:	
2 Handvoll Kichererbsensprosse	In Salzwasser mit 1 TL Kurkuma 5 Minuten garen und abgießen.
3 EL Dörrtomaten, in Streifen geschnitten 1 EL Olivenöl	In einer Bratpfanne erwärmen, Kichererbsensprosse, Dörrtomaten und die blanchierten Klettenstängel darin einige Minuten braten, bis sie etwas Farbe angenommen haben.
1 Knoblauchzehe, gepresst	Dazugeben und noch 15 Sekunden braten.
2 EL Sherry	Ablöschen und kurz einkochen lassen. Warm oder lauwarm mit dem Flan servieren. Dazu nach Belieben eine Käsecreme (Fonduta) reichen.
Für die Käsecreme:	
50 g Taleggio-Käse, gewürfelt 4 EL Weißwein ½ TL Weißmehl	Alles in einem kleinen Topf langsam erwärmen, rühren, bis der Käse geschmolzen ist und die Sauce eine cremige Konsistenz hat. Heiß servieren.

Kohldistel, Gemeine Kratzdistel

Cirsium oleraceum
Korbblütler

Habitat

Die Kohldistel ist eine mehrjährige Pflanze, die bis auf 1800 Meter Höhe an feuchten, kühlen, eher schattigen Standorten gedeiht; dies können sowohl Wiesen oder Gräben wie auch Ränder von Bergstraßen sein. Sie meidet saure Böden.

Erkennungsmerkmale

Die Kohldistel ist eine große krautige Pflanze mit der Besonderheit, verschiedenförmige Blätter zu bilden: von stark eingeschnittenen bis zu ovalen mit fein gesägtem Saum. Die Stacheln an den Blatträndern sind sehr weich, im Gegensatz zu den meisten Distel-Arten. Dem bis zu 150 Zentimeter hohen, kahlen Stängel haften wenige Blätter an; er verzweigt sich und bildet mehrere gelbe Blüten, die sich lange hinter bleich wirkenden Blättern verstecken.

Pflücken und kochen

Die Blätter der Kohldistel ergeben ein sehr feines Gemüse, das sich, gekocht, auf tausend Arten verarbeiten lässt (als Inspiration können Rezepte mit Kardy, Artischocke oder Krautstiel dienen). Die ganz jungen Blätter können sogar roh als Salat gegessen werden. Sie haben einen süßen und zugleich bitteren, an Artischocke und Salat erinnernden Geschmack und wirken im Mund etwas zusammenziehend. Aufgrund ihrer Größe erzielt man schnell eine reichliche Ernte; man sollte aber nur dort pflücken, wo mehrere Pflanzen wachsen. In Japan wird die Kohldistel für Speisezwecke angepflanzt. Generell ist festzuhalten, dass alle Distel-Arten, von den jungen Trieben über das Stängelmark und die Blatthauptnerven bis zum Blütenboden, essbar sind. Die Schwierigkeit besteht allerdings darin, ohne Kratzer an die zarten Teile zu gelangen.

Verwechslungsgefahr

Anfangs kann die Blattform die richtige Bestimmung erschweren; andere Distel-Arten haben meist rosarote oder violette Blüten und sind viel stacheliger.

Die Blüte versteckt sich noch lange hinter einem gelblichen Blatt.

Pasta mit Kohldistel und Pinienkernen

200 g Kohldistelblätter	In 1 cm breite Stücke schneiden. In Salzwasser 4 Minuten kochen, abgießen und beiseite stellen.
2 Selleriestängel, fein geschnitten 2 neue Karotten, in feine Scheiben geschnitten 1 Frühlingszwiebel, in feine Scheiben geschnitten ½ Peperoncino, gehackt 1 EL Olivenöl	In einer Bratpfanne erhitzen und das Gemüse auf mittlerem Feuer goldgelb braten.
1 Zucchini, in Stäbchen geraffelt	Dazugeben und noch einige Minuten weiterbraten, dann die Hitze reduzieren.
15 Sardellenfilets	Beifügen und eventuell unter Zugabe von etwas zusätzlichem Öl zergehen lassen.
2 Knoblauchzehen, gepresst	Beifügen und weitere 15 Sekunden dünsten, dann das gekochte Kraut dazugeben und unter Wenden nochmals erhitzen.
400 g Fusilli oder andere kurze Teigwaren	In reichlich Salzwasser gar kochen, abgießen und mit der Sauce gut vermischen.
2 EL Pinienkerne, geröstet 2 EL schwarze Oliven, entsteint 2 EL Olivenöl	Zur Pasta geben, gut vermengen und vor dem Servieren nochmals kurz erwärmen.

Die Kohldistel gedeiht in der Nähe des Wassers.
Sie kann zwei sehr unterschiedliche Blattformen aufweisen (oben rechts).
Auch der Stängel, der anfangs rötlich sein kann (unten links), ist essbar.

Kohldistel-Ricotta-Crêpes

Zutaten	Zubereitung
Für die Crêpes:	
100 ml Milch 1 Ei 1 Prise Kräutermeersalz 25 g Dinkelruchmehl 25 g Farina bona (siehe Glossar)	Alles mit dem Schneebesen gut verrühren und 30 Minuten ruhen lassen.
wenig Öl	In einer nicht zu heißen Bratpfanne 4 dünne Crêpes ausbacken und warm stellen.
Für die Füllung:	
400 g Kohldistelblätter	In 1 cm breite Stücke schneiden und in Salzwasser 4 Minuten kochen; abgießen.
1 Schalotte, gehackt 1 EL Bratbutter	Erwärmen und die Schalotte einige Minuten anbraten.
1 EL Dinkelruchmehl	Dazugeben und auf mittlerem Feuer weiterrösten.
100 ml Wasser 50 ml Weißwein 1 TL Gemüsebrühepulver	Dazugeben, unter starkem Rühren wieder zum Kochen bringen und 10 Minuten weiterkochen.
1 Knoblauchzehe, gepresst 300 g Ricotta, zerbröckelt	Zusammen mit dem gekochten Kraut zur Sauce geben und nochmals aufwärmen. Die Crêpes damit füllen und heiß servieren.

Rainkohl

Lapsana communis
Korbblütler

Habitat
Der Rainkohl bildet oft auf verrottendem organischem Material oder in Rebbergen größere Kolonien und sieht dann aus wie gesät. An Wegrändern und im Garten, wo die Erde aufgewühlt wurde, wächst er zum Teil als einzelne Rosette. Er liebt nahrhafte Böden und Halbschatten.

Erkennungsmerkmale
Die Blattform der Grundrosette ist sehr markant: Sie wirkt so, als wenn das Blatt mehrmals versucht hätte, sich auszubreiten und sich schließlich erst im Endabschnitt voll entwickelt und schön groß wurde. Die Blätter sind mehr oder weniger behaart, fühlen sich jedoch sehr weich und fein an; sie geben einen weißen Milchsaft ab und haben eine sehr appetitliche hellgrüne Farbe. Die Blätter am Stängel sind lanzettlich und weniger eingeschnitten. Der verzweigte Stängel trägt viele kleine, gelbe Blütenstände.

Pflücken und kochen
Man pflückt die jungen, zarten Blätter der Grundrosette und die ganz jungen Triebe zu Beginn der Entwicklung des Stängels. Die Knospen und die Blüten sind ebenfalls essbar. Da die Pflanze sich mehrmals aussät, kann öfter im Jahr davon gepflückt werden. Der Rainkohl ist eine typische Salatpflanze, mit einem etwas bitteren Geschmack, jedoch viel zarter als andere Pflanzen aus der gleichen Familie und kann daher auch unzerkleinert verwendet werden. Er kann aber auch gekocht gegessen werden, zum Beispiel als Spinat mit etwas Olivenöl und Knoblauch oder in Frittata.

Verwechslungsgefahr
Das Aussehen der jungen Pflanze erinnert an einige Kreuzblütler (z.B. Rucola), die sich im Geschmack jedoch deutlich unterscheiden. Diese Verwechslung ist unproblematisch.

Der Rainkohl kann an sehr unterschiedlichen Standorten gedeihen.
Sobald er aufstängelt (oben links), sieht er anders aus.
Unten links: Die typische Blattform mit dem größeren Endabschnitt.
Unten rechts: Manchmal sieht er aus wie gesät: junge Pflänzchen, bereit zum Pflücken.

Rainkohl-Salat mit Topinambur

3–5 Topinambur	Im Dampf garen, schälen und in Scheiben schneiden; beiseite stellen.
1 Prise Kräutermeersalz 1 EL grober Senf 1 EL Mayonnaise 1 EL Weißweinessig 1 EL Olivenöl 1 EL Distelöl	Alle Zutaten zu einer Sauce mischen.
3 Handvoll Rainkohlblätter und -triebe 1 kleine rote Zwiebel, in feine Ringe geschnitten	Zusammen mit dem Topinambur unter die Sauce mischen.

Wiesen-Ferkelkraut

Hypochaeris radicata
Korbblütler

Habitat
Das Ferkelkraut ist eine kleine mehrjährige Pflanze, die auf relativ trockenen und nicht zu fetten Wiesen, Wegen und Feldern entlang sowie in Rebbergen wächst. Manchmal besiedelt es auch Rasenflächen.

Erkennungsmerkmale
Seine ziemlich dicken, fleischigen Blätter bilden eine flach sitzende schöne Grundrosette. Die Blätter haben die Tendenz, sich mit aller Kraft gegen mögliche Konkurrenz zu wehren, indem sie sich fest an den Boden pressen; schneidet man sie ab, wird diese Kraft sichtbar: Sie rollen sich auf. Ein anderes Merkmal des Ferkelkrauts sind die borstenähnlichen Haare auf den sonst glänzenden Blättern, daher auch sein Name. Die Pflanze sondert einen weißen Milchsaft ab, der an der Luft schnell rostbraun wird. Die Blütenköpfe, die ausschließlich aus Zungenblüten bestehen, sind im Verhältnis zu dem bis zu 60 Zentimeter langen kahlen, graublauen Stängel, relativ klein.

Pflücken und kochen
Das Ferkelkraut gehört zu den Salatpflanzen: Die jungen Blätter, die in der Mitte der Rosette gepflückt werden, sind trotz ihres Aussehens schmackhaft und knackig. Wo viele Pflanzen wachsen, darf man auch das ganze Pflänzchen mit einem Stück Wurzel ernten, so wie man es beim Radicchio macht. Wenn die Pflanze nicht zu viel Trockenheit erleiden musste, haben die Blätter einen sehr angenehmen, feinen, fast süßlichen und nur wenig bitteren Geschmack. Auch die Blütenköpfe sind essbar, wie die des bekannteren Löwenzahns.

Verwechslungsgefahr
Unter den im Frühjahr zahlreich anzutreffenden Blattrosetten verschiedener Pflanzen lässt sich jene des Ferkelkrauts durch die flachsitzende Form sowie die Borsten erkennen. Es gibt verschiedene Arten von Ferkelkraut, von denen alle essbar sind (siehe auch Beschreibung der Familie, Seite 232).

Die Blätter des Wiesen-Ferkelkrauts (oben und unten Mitte) sind steif behaart und drücken sich stark gegen den Boden.
Die langen Blütenstängel (unten links) stehen alleine in der Landschaft.
Unten rechts: Familientrio: vorne rechts *Leontodon,* links *Taraxacum,* hinten *Hipochaeris.*

Ferkelkraut-Salat mit Kürbiskernöl

1 Prise Kräutermeersalz
1 EL grober Senf
1 EL Mayonnaise
1 EL Apfelessig
1–2 EL Kürbiskernöl
1–2 EL Olivenöl

Alle Zutaten in einer Salatschüssel zu einer Sauce mischen.

2 Eier, hartgekocht und gewürfelt
4 Handvoll Ferkelkraut

Das Kraut je nach Zähheit mehr oder weniger fein schneiden.

1–2 EL Kürbiskernen

Eier, Kraut und Kürbiskerne zur Sauce geben, schnell umrühren und sofort servieren.

Links: Bei *Leontodon hispidus* ist die Blüte nickend.
Rechts: Milchkraut-Blüte. Die Milchkraut-Blätter (unten) sind meist kahl.

Raues Milchkraut, Gemeiner Löwenzahn

Leontodon hispidus
Korbblütlergewächse

Habitat
Die Milchkraut-Arten wachsen in geschnittenen Wiesen, auf Weiden, entlang von Gräben, in Parkanlagen, aber auch in Kiesgruben. Von den vielen *Leontodon*-Arten hat jede etwas eigene Vorlieben, was Bodenbeschaffenheit und Feuchtigkeit betrifft.

Erkennungsmerkmale
Angesichts der Variabilität innerhalb der Gattung und der Art, ist es schwierig, diese Pflanze genau zu beschreiben. Dies ist jedoch nicht weiter schlimm, da sowieso alle Arten essbar sind. Die hier besprochene Art hat fast keine Haare (während andere auch sehr haarig und borstig sein können). Sie unterscheiden sich durch ihre Blütenstängel: Beim Rauen Milchkraut sind sie einzeln und vor der Blüte herunterhängend, während sie bei anderen Milchkraut-Arten verzweigt sind; da sie aber erst dann erscheinen, wenn die Pflanze kulinarisch nicht mehr interessant ist, reicht auch dieses Indiz für den Wildpflanzensammler nicht aus.
Die Grundrosetten der *Leontodon*-Arten haben lange, schmale Blätter, die normalerweise in vertikalen Gruppen stehen. Sie haben eine eher fleischige Konsistenz, die Blattränder sind weniger gefurcht und die »Zähne« weniger spitz als jene des Löwenzahns.

Pflücken und kochen
Dieses Kraut wird, wie schon ihr Name sagt, oft mit dem Löwenzahn verwechselt. Es kann auch wie dieser verwendet werden: Vor der Blüte oder kurz nach dem Grasschnitt gepflückt, ergibt es einen typischen bitteren Salat, zu dem eine dickliche Sauce passt; die Blätter sollten sehr fein geschnitten werden, sie lassen sich auch garen. Folgende Zutaten helfen, eine allenfalls zu starke Bitterkeit zu mildern: gepresster Knoblauch, rohe Zwiebel, hartgekochtes Ei, Mayonnaise, Avocado, marinierter oder gebratener Kürbis, gekochte Kartoffeln und Sardellen. Hilfreich ist auch das Mischen mit anderen, neutraleren Kräutern, wie zum Beispiel Sternmiere, Leimkraut, Portulak, Wicke oder Scharbockskraut. Die Blütenknospen können ebenfalls roh oder gekocht gegessen, in Essig eingelegt, gebraten oder mit gedünsteter Zwiebel als feine Beilage serviert werden.

Verwechslungsgefahr
Vor der Blüte mit anderen *Leontodon*-Arten, außerdem mit Löwenzahn, Ferkelkraut oder weiteren Pflanzen aus der Korbblütler-Familie. Es sind jedoch alle »löwenzahnähnlichen« Pflanzen, die ausschließlich Zungenblüten haben, essbar.

Milchkrautsalat mit Sardellen und Knoblauch

1 TL Fenchelsamen, gemörsert	
1 EL Olivenöl	In einem Pfännchen die Samen wenige Sekunden rösten und vom Feuer nehmen.
7 Sardellenfilets	Dazugeben und im warmen Öl zergehen lassen.
1 Knoblauchzehe, gepresst	Dazugeben und 10 Sekunden leise erhitzen. Auskühlen lassen.
1 EL Rotweinessig	
2 EL Olivenöl	
viel schwarzer Pfeffer	Alles zusammen mit den Sardellen in einer Salatschüssel mischen.
3–4 Handvoll Milchkrautblätter, sehr fein geschnitten	Mit der Sauce mischen und servieren.

Variante:

Eine dickliche Sauce für alle bitteren und/oder haarigen Salate:	
1 Prise Kräutermeersalz	
1 EL Apfel- oder Weinessig	
1 EL Senf nach Belieben	
1–2 EL Mayonnaise (und/oder Joghurt, Quark, weißes Mandelpüree, pürierter Tofu)	
1 EL kaltgepresstes Sonnenblumenöl	
1 EL Olivenöl	
1 EL Rapsöl	Alle Zutaten zu einer Sauce mischen.

Tipps: Dazu eine oder mehrere folgender Zutaten: Knoblauch, Zwiebel, gebratene feste Kürbiswürfel, Avocado, Ei, gekochte Kartoffeln, gebratener Speck, Brot-Croûtons, Tomaten, geraspelte Zucchini.
Die Ölmischung hat durchaus einen Sinn: Kaltgepresstes Sonnenblumenöl gibt eine nussige Note, Olivenöl eine fruchtige, und Rapsöl, selbst ein Kreuzblütler, passt zu allen Kreuzblütler-Pflanzen.

Bittersalate werden angenehmer im Geschmack, wenn sie sehr fein geschnitten werden.

Löwenzahn

Taraxacum officinale
Korbblütler

Habitat

Der Löwenzahn (volkstümlich u.a. auch Söiblueme, Kuhblume, Pfaffenröhrlein, Chrottepösche oder Bettnässer genannt) wächst verbreitet vor allem auf stark gedüngten Wiesen und Weiden. Da er sehr anpassungsfähig ist, findet man ihn aber auch auf Wegen, in den Ritzen von Bodenplatten oder Mauern und oft als Unkraut im Garten.

Erkennungsmerkmale

Die Gattung *Taraxacum* hat sehr viele sehr variable Formen, die sich zum Teil in Details unterscheiden, die nur für den Experten erkennbar sind. Da der Löwenzahn dem Menschen aber schon seit langer Zeit bekannt ist, ergeben sich daraus keine großen Probleme. Die typischen Merkmale sind kahle oder haarige Blätter mit relativ weicher Textur, stark gezackt, mit nach unten weisenden spitzen Enden (es gibt jedoch auch fast ganzrandige), dazu viele einzelne auffallend große gelbe Blütenstände, die ausschließlich aus Zungenblüten bestehen, auf hohlen, relativ brüchigen Stängeln. Die ganze Pflanze sondert einen weißen Milchsaft ab. Aus der bis zu 2 Meter tiefen dicken Pfahlwurzel treiben immer neue Sprosse aus.

Pflücken und kochen

Der Löwenzahn ist der bekannteste Bittersalat überhaupt. Seine zarten Blätter, die bereits im jungen Stadium sehr groß sein können, werden im Frühjahr oder nach dem Grasschnitt gepflückt und roh gegessen. Je älter und damit zäher sie werden, desto feiner müssen sie für die kulinarische Verwendung geschnitten werden. Um den zähen zentralen Blattnerv zu durchschneiden, legt man alle Blätter in eine Richtung übereinander. Auch das Kochen in Salzwasser verfeinert den Löwenzahn; er lässt sich so zu verschiedenen Vorspeisen oder Beilagen verarbeiten. Der bittere Geschmack unterstützt vorzüglich die Verdauung, und das Zusammenwirken der verschiedenen Inhaltsstoffe erklärt den in der Volkstradition bekannten großen Nährwert, nicht nur für den Menschen. Die Blütenköpfe sind eine Delikatesse, die sich im noch geschlossenen Stadium als Kapern, geöffnet als dekorative Zutat oder zur Zubereitung von Sirup und Likör eignen. Sogar die hohlen Blütenstängel kann man roh oder gekocht essen. Die Wurzel ergibt ein schmackhaftes Gemüse oder wird geröstet als Kaffeeersatz verwendet.

Verwechslungsgefahr

Vor der Blüte kann man den Löwenzahn mit Milchkraut, Ferkelkraut, Pippau und mit verschiedenen anderen Pflanzen aus der Familie der Korbblütler verwechseln. Er kann auch dem Hirtentäschel ähnlich sein. Alle diese Pflanzen sind aber ebenfalls essbar.

Blüten, Blütenstängel (Röhren), Knospen – beim Löwenzahn ist alles verwendbar.
Oben rechts: Junger Löwenzahn.
Oben links: Auch in diesem Stadium ist er immer noch ein schmackhaftes Kraut.
In den Bergen (unten links) kann man ihn auch später im Jahr noch in jungem Zustand antreffen.
Unten rechts: Die Löwenzahn-Kraft kennt wirklich kaum Grenzen.

Bitterer Frühlingssalat mit Avocado

1 Prise Kräutermeersalz 1 EL Apfelessig 1 TL Senf ½ EL Mayonnaise 1 EL kaltgepresstes Sonnenblumenöl 1 EL Olivenöl 1 EL Distelöl ½ Knoblauchzehe, gepresst	Alles zu einer Sauce mischen.
1 Handvoll ganz junge Löwenzahnblätter	Wenn sie wirklich ganz zart sind, braucht man sie nicht klein zu schneiden.
1 Handvoll Labkrautspitzen (Seite 220) 1 Handvoll Pippaublätter (Seite 289) 1 Handvoll junge Wickentriebe (Seite 157) 1 Avocado, gewürfelt	Alles zur Sauce geben und gut mischen.

Russischer Löwenzahnsalat

1 Prise Kräutermeersalz 3 EL Mayonnaise 1 TL grober Senf 1 EL Zitronensaft 1 EL Olivenöl ½ Knoblauchzehe, gepresst	Alles zu einer Sauce mischen.
100 g Moschuskürbis, (Musqué de Provence oder Butternut), 2–3 mm klein gewürfelt 2 Handvoll Löwenzahnknospen (siehe Tipp)	Alle Zutaten roh mit der Sauce mischen und als Vorspeise servieren.

Tipp: Für diesen »Russischen Salat« sind die kleinen Knospen, die noch an der Grundrosette sitzen, ideal; sie sind dichter und die Konsistenz ist eher erbsenähnlich.

Löwenzahn-Oliven

1 EL Olivenöl
2–3 Handvoll Löwenzahn-Blütenknospen

Eine Bratpfanne auf höchste Stufe erhitzen. Das Öl und gleich darauf die Löwenzahnknospen in die Pfanne geben und bei starker Hitze fortwährend wenden, bis sie alle eine dunkle Farbe angenommen haben (etwa 4–6 Minuten).

2 Prisen Kräutermeersalz
2 EL Sherry oder Weißwein

Dazugeben und weiter wenden, bis alle Flüssigkeit verdunstet ist. Lauwarm oder kalt als Aperitif-Snack servieren.

Tipp: Die Löwenzahnknospen ernten, wenn sie schon ein Stück Stiel haben. Die Löwenzahn-Oliven erinnern an schwarze Oliven »à la grecque«.

Eingemachte Löwenzahnknospen

200 ml Weißwein
200 ml Wasser
200 ml Essig
3 Lorbeerblätter
3 Knoblauchzehen, halbiert oder in Scheiben geschnitten
½ Peperoncino, halbiert
3 Nelken
1 TL gelbe Senfsamen
1 TL Salz

Alles zum Kochen bringen.

4 Handvoll noch geschlossene Löwenzahnknospen

In die Marinade geben und 2 Minuten aufkochen. Noch heiß in sterilisierte Gläser füllen und sofort verschließen. Dunkel und kühl aufbewahren. Passt gut zu Wurstwaren und Käse.

Tipp: Nach dem gleichen Rezept kann man auch andere Wildpflanzen einmachen: Blütenknospen von Scharbockskraut, Mohn, Akazie, Nachtschönheit, Gänseblümchen, Margerite, Ferkelkraut, Milchkraut, Pippau, Taglilie, Bärlauch; Sprosse von Tanne, Hopfen, Kermesbeere, Japanischer Knöterich, Wald-Geißbart; Blätter von Portulak oder Fetthenne; junge Früchte von Mohnviole oder anderen Kreuzblütlern; Zwiebeln von Weinberg-Lauch oder Bärlauch.

Variante: Das Pflückgut wie oben, jedoch mit etwas mehr Essig kochen, abgießen und in Öl aufbewahren.

Links: Eingemachte Löwenzahnknospen, rechts: Löwenzahn-Oliven.

Löwenzahngemüse mit Rotweinkastanien

Für die Rotweinkastanien:	
150 g Dörrkastanien	Über Nacht einweichen, von eventuellen Häutchen befreien, 20–40 Minuten in Wasser bissfest kochen und abgießen.
1 EL gehackte Zwiebel 2 Selleriestangen, in feine Scheiben geschnitten 1 EL Olivenöl	In einer Bratpfanne erhitzen. Zwiebel, Sellerie und Kastanien darin 10 Minuten anbraten, bis sie Farbe annehmen.
2 Lorbeerblätter und wenig Nelkenpulver	Dazugeben und so viel Wasser beifügen, dass die Kastanien bedeckt sind; 20 Minuten zugedeckt weiterkochen.
200 ml Rotwein 1 TL Gemüsebrühepulver	Dazugeben und nochmals 20 Minuten kochen. Zuletzt die Kochflüssigkeit vollständig einkochen lassen und beiseite stellen.
4 Handvoll Löwenzahnblätter	Eventuell in Stücke schneiden. In reichlich Salzwasser wenige Minuten kochen und abgießen.
1–2 EL Olivenöl 1 Knoblauchzehe, gepresst	Im nicht zu heißen Öl wenige Sekunden erhitzen und mit dem Löwenzahn vermischen. Warm oder kalt mit den Kastanien als Vorspeise oder Beilage servieren. (Bild Seite 76)

Kohl-Gänsedistel und Raue Gänsedistel

Sonchus oleraceus, S. asper
Korbblütler

Habitat

Beide Arten der Gänsedistel sind oft an den gleichen Orten zu finden und zudem leicht zu verwechseln, da sie viele variantenreiche Formen annehmen können. Sie wachsen auf nährstoffreichen Schuttplätzen, auf fetteren Wiesen, am Weg- oder Straßenrand, wo sie die kleinsten Ritzen nutzen, und kommen auch in Gärten und Äckern als Unkraut vor.

Erkennungsmerkmale

Die Gänsedistel ist eine typische Wildsalatpflanze. Zuerst entsteht eine schöne Grundrosette mit mehr oder weniger tief eingeschnittenen Blättern; sie sind glanzlos bei der Kohl-, eher glänzend bei der Rauen Gänsedistel. Die Farbe kann tiefgrün, aber auch rötlich oder bläulich sein. Später entwickelt sich ein 30 bis 100 Zentimeter hoher, verzweigter Stängel mit gelben Blütenständen, die ausschließlich aus Zungenblüten bestehen. Verwelkte Blüten gleichen in der Form einem Wassertropfen.
Ein gutes Unterscheidungsmerkmal zwischen den beiden Arten ist die Art, wie die Blätter den Stängel umfassen: schneckenförmig bei der Kohl- und horizontal bei der Rauen Gänsedistel. Außerdem fühlen sich die Dornen am Blattrand bei der Ersteren weich und geschmeidig an, während sie bei der Letzteren bald stechend sind.

Pflücken und kochen

Man pflückt die jungen, zarten Blätter der Grundrosette ab März oder April. Bei gut gedeihenden Pflanzen bilden sich in den Blattachseln am Stängel neue zarte Seitentriebe, die ebenfalls sehr gut zu verwenden sind. Man kann auch den jungen Stängel roh und klein geschnitten oder gekocht verwenden. Der Geschmack der Pflanze ist leicht bitter und süßlich und erinnert an Lattich.

Verwechslungsgefahr

Die verschiedenen Gänsedistel-Arten sind untereinander leicht zu verwechseln, sie sind jedoch alle essbar und werden in ähnlicher Weise verwendet. Der ähnliche wilde Lattich hat eine Reihe kleiner Stacheln am Blattnerv auf der Unterseite des Blattes (siehe Seite 232). Eine Verwechslung mit den Karden-Arten ist weniger wahrscheinlich; diese haben meistens viel härtere Blattstacheln.

Linke Seite: Die stacheligen Blätter der Rauen Gänsedistel *(Sonchus asper)* umfassen den Stängel mit gerundeten Zipfeln.
Oben: Sammelgut der Kohl-Gänsedistel *(Sonchus oleraceus)*.

Gänsedistelsalat mit Blaukäse

1 Prise Kräutermeersalz 1 TL grober Senf 1 TL Balsamicoessig 1 TL Weißweinessig 1 EL Olivenöl 1–2 EL Baumnussöl ¼ Knoblauchzehe, gepresst	Alle Zutaten in einer Salatschüssel zu einer Sauce mischen.
150 g (Ziegen-)Blauschimmelkäse, gewürfelt 2 EL Baumnüsse 3 Handvoll junge Gänsedistelblätter	Die größeren Blätter klein schneiden und die Herzen ganz lassen. Alles mit der Sauce gut mischen.
viel schwarzer Pfeffer aus der Mühle	Darüberstreuen und sofort servieren.

Oben, unten links und Mitte: Kohl-Gänsedistel *(Sonchus oleraceus)*. Typisch sind die grau-blaue Farbe und die glanzlosen Blätter.
Unten rechts: Die Raue Gänsedistel *(Sonchus asper)* kommt oft auch als Unkraut im Garten vor.

Kleinköpfiger Pippau und Wiesen-Pippau

Crepis capillaris, C. biennis
Korbblütlergewächse

Die junge, saftige Grundrosette des Wiesen-Pippaus *(Crepis biennis)* ist ein hervorragender Salat.
(Siehe auch Seite 19.)

Habitat

Der Pippau ist sehr verbreitet in gemähten Fettwiesen, an Weg- und Straßenrändern sowie auf Brachland. Während der Kleinköpfige Pippau auch auf Weiden zu finden ist, erträgt der Wiesen-Pippau die Beweidung schlecht. Generell wächst der Kleinköpfige auf weniger fettem Boden als der Wiesen-Pippau. Beide sind auch auf Rasen und als Unkraut in Garten und Feld zu finden.

Erkennungsmerkmale

Da es innerhalb der *Crepis*-Gattung viele sehr ähnliche Pflanzen gibt, die zudem innerhalb der Art sehr variable Eigenschaften haben und oft den hier beschriebenen Korbblütlern ähnlich sind, ist es schwierig, sie voneinander zu unterscheiden; dies ist aber nicht weiter schlimm, da sie im Prinzip alle essbar sind. Die seltenen Arten werden dem Sammler vermutlich sowieso nicht auffallen.

Der Pippau hat löwenzahnähnliche Blätter mit abwärts gerichteten Sägezähnen und bildet wie dieser im Frühjahr schöne grundständige Rosetten. Sobald es zur Blüte kommt, lassen sich die Pflanzen klar unterscheiden: Während beim Löwenzahn jede Blüte auf einem einzelnen weichen Blütenstängel sitzt, ist dieser beim Pippau verzweigt, längs gerillt, ziemlich dick und bis zu 100 Zentimeter hoch. Die vielen gelben Blütenköpfe bestehen ausschließlich aus Zungenblüten.

Pflücken und kochen

Man pflückt die jungen Blätter der Grundrosette, die eine schmackhafte Basis für bittere Frühlingssalate ergeben. Oft lohnt es sich, sie fein zu schneiden (wie Schnitt-Zichorie) und eine dicke Salatsauce dazu zu reichen (siehe Milchkraut, Seite 275).

Die jungen Blütenstängel – man wählt möglichst dicke, pralle Exemplare mitsamt den Knospen – lassen sich roh oder gekocht genießen. Man kann sie wie die in Italien bekannten »Puntarelle« *(Catalogna cimata) genießen.* Zu dem markanten, bitteren Geschmack passen Knoblauch, Sardellen oder Dörrtomaten hervorragend.

Verwechslungsgefahr

Die *Crepis*-Arten sind untereinander leicht zu verwechseln, können aber alle in gleicher Weise verwendet werden. Im jungen Stadium können sie auch mit der Wegwarte *(Cichorium intybus),* mit den verschiedenen Habichtskraut-Arten *(Hieracium),* Milchkraut, Ferkelkraut oder Löwenzahn verwechselt werden. Alle löwenzahnähnlichen Pflanzen mit Zungenblüten sind jedoch essbar.

Oben: Familientreffen: *Crepis biennis, Taraxacum* (ohne Blüte), *Leontodon autumnalis.*
Unten links: Je nach Standort bildet der Wiesen-Pippau *(Crepis biennis)* auch sehr kräftige Blütenstängel.
Unten rechts: Die kahlen Blätter und die verzweigten Blütenstängel des Kleinköpfigen Pippaus *(C. capillaris).*

Gebratener Pippau mit Kartoffeln und Oliven

4 Handvoll Pippausprosse	In reichlich Salzwasser 2–3 Minuten kochen; abgießen und beiseite stellen. Falls sie noch zu bitter sind, kann man die Sprosse ein zweites Mal kochen; in diesem Fall muss die Kochzeit verkürzt werden.
2 Kartoffeln, geschält, in Scheiben geschnitten	
1 EL Olivenöl	In eine Bratpfanne geben und die Kartoffeln, anfangs zugedeckt, darin anbraten.
1 Zwiebel, halbiert, in Ringe geschnitten	
½ Peperoncino, in Scheiben geschnitten	Nach der Hälfte der Kochzeit zu den Kartoffeln geben und dann offen unter häufigem Rühren weiterbraten.
2 Knoblauchzehen, in Scheiben geschnitten	Wenn die Kartoffeln gar sind, dazugeben und noch eine halbe Minute braten.
2 EL schwarze Oliven	Zusammen mit den gekochten Pippausprossen zu den Kartoffeln geben.

Pippausprosse mit Dörrtomaten und Sardellen

5–8 Dörrtomaten	Mit kochendem Wasser bedecken und 30 Minuten einweichen, abgießen und in Streifen schneiden.
3 Handvoll Pippausprosse	Die Stängel längs in feine Streifen schneiden (sie rollen sich dann auf) und in mundgerechte Stücke schneiden. Zirka 10 Minuten in kaltes Wasser einlegen.
1 EL Olivenöl	In einer Bratpfanne auf kleinem Feuer erhitzen.
1 TL Fenchelsamen	
½ Peperoncino, in Scheiben geschnitten	Beides zum Öl geben und wenige Minuten anbraten; die Pfanne vom Feuer nehmen.
6 Sardellenfilets	Dazugeben und im Öl zergehen lassen.
1 Knoblauchzehe, gepresst	Dazugeben und nochmals für wenige Sekunden aufs Feuer stellen. Die Dörrtomaten und die abgetropften rohen Pippausprosse dazugeben, sofort vom Feuer nehmen und schnell daruntermischen; es darf nur lauwarm werden.
1 EL Olivenöl	Darüberträufeln und lauwarm als Vorspeise servieren.

Taglilie

Hemerocallis fulva
Liliengewächse

Habitat

Die Gelbrote Taglilie ist eigentlich kein Wildkraut, sondern wurde und wird als Zierpflanze in Gärten kultiviert. Sie diente früher gerne zum Einfassen von Alleen oder Blumenrabatten und hat von dort den Weg ins Freie gefunden und sich verwildert. Heute findet man sie manchmal in großen Kolonien an Brachstellen, an Waldrändern, in Siedlungsnähe oder an Bahnböschungen. In Amerika ist sie sogar als invasive Pflanze gefürchtet.

Erkennungsmerkmale

Die Taglilie ist eine mehrjährige Pflanze, die sich vor allem über die Rhizome verbreitet. Im Frühjahr entwickeln sich zuerst die langen, 2 bis 3 Zentimeter breiten Blätter, die sich bogenförmig zum Boden neigen. Sie gleichen entfernt dem Lauch, haben aber eine schöne hellgrüne Farbe. Im Sommer entwickelt die Taglilie einen festen, verzweigten Stängel, der bis zu 1,5 Meter hoch werden kann. Die Blütezeit mit den auffallenden orangefarbenen Blüten, die nur einen Tag überdauern, erstreckt sich über mehrere Wochen. Im Herbst verwelken die Blätter schnell, während der dürre Stängel noch lange den Standort anzeigt.

Pflücken und kochen

Da die Taglilie sich gerne auch außerhalb der ihr zugewiesenen Rabatten ausbreitet, findet man immer ein paar junge Pflänzchen zum Pflücken. Sie ergeben, bis zu einer Größe von 20 bis 30 Zentimeter und ganz am Ansatz abgeschnitten, ein sehr mildes Gemüse. Kurz gekocht ist dieser »falsche Lauch« sehr delikat und hat einen süßlichen, an Spargeln erinnernden Geschmack. Im Sommer erntet man die ganzen Blütenknospen kurz bevor sie sich öffnen und die einzelnen Blütenblätter als knackige Salatzugabe oder einfach so zum Knabbern.
In Ostasien wird die Taglilie für kulinarische Zwecke angepflanzt; die getrockneten Blüten, die in Spezialgeschäften erhältlich sind, werden zu einem Knoten geschlungen und Suppen beigegeben.

Verwechslungsgefahr

Es gibt viele kultivierte Sorten, auch mit doppelter Blüte oder in Gelb (*Hemerocallis lilio-asphodelus;* von dieser werden nur die Blüten verwendet), die prinzipiell alle essbar sind. In der Familie der Liliengewächse gibt es mehrere giftige Arten; die *Hemerocallis* ist jedoch an den lauchähnlichen Blättern leicht zu erkennen.

Die Taglilie ist als Alleen- und Rabattenbepflanzung bekannt und beliebt. Jeden Tag öffnen sich neue Blüten. Links: Junge, zarte Pflänzchen.

Liliensalat mit marinierten Lilienknospen

1 TL geriebener frischer Ingwer
2 EL kaltgepresstes Sesamöl
1 TL geröstetes Sesamöl
1 EL Sherry
1 Prise Salz
1 Prise Rohrohrzucker

Die Zutaten zu einer Marinade mischen.

1 Handvoll Lilienknospen

In wenig Salzwasser 1–3 Minuten kochen, abgießen und in der Marinade wenden; beiseite stellen.

1 Prise Kräutermeersalz
1 TL grober Senf
1 EL Zitronensaft
1 EL Mandarinenöl
1 EL geröstetes Mandelöl

Die Zutaten zu einer Salatsauce mischen.

2 Handvoll Lilienblütenblätter
2 Handvoll Schnittsalat

Mit der Sauce mischen und zusammen mit den Knospen als Vorspeise servieren.

Tagliliensprosse mit Zitronenöl

3 Handvoll junge Taglilientriebe
In ganz wenig Salzwasser 2–3 Minuten kochen und abgießen.

1 EL Zitronen-Olivenöl
1 Prise schwarzer Pfeffer
Darüber verteilen und lauwarm oder kalt als Vorspeise servieren.

Tagliliengemüse mit Orangenschale

4 Handvoll Taglilientriebe
Die Pflänzchen in 1 cm breite Scheiben schneiden.

abgezogene Schale (Zesten) von ½ Orange
1 EL Olivenöl
In einem Topf auf kleinem Feuer erhitzen, die Lilien und die Orangenschale dazugeben und einige Minuten zugedeckt zusammenfallen lassen.

1 TL Gemüsebrühepulver oder Tamari
3 EL Orangensaft
Dazugeben, behutsam umrühren und die Flüssigkeit verdampfen lassen. Als Beilage servieren.
(Bild Seite 179)

Weinberg-Lauch, Ross- oder Kohl-Lauch

Allium vineale, A. oleraceum
Liliengewächse

Habitat

Es gibt viele Arten der Gattung *Allium* mit zylinderförmigen Blättern; die zwei hier besprochenen sowie die ebenfalls sehr häufig vorkommende Art *Allium carinatum* wachsen meist in relativ dichten Kolonien unter Gebüschen, in Rebbergen, an Böschungen und in lichten Wäldern in Flussnähe, aber auch auf ziemlich trockenen Wiesen und Feldern.

Erkennungsmerkmale

Der wilde Lauch ist nah verwandt mit Zwiebel, Knoblauch und Lauch, deren unverwechselbaren Geruch er teilt. Alle Pflanzen dieser Gattung verströmen stärker oder schwächer diesen speziellen Duft; er ist ihr wichtigstes Erkennungsmerkmal. Allgemein kann man sagen, dass alles, was nach Knoblauch oder Zwiebel riecht, im Prinzip essbar ist. Im frühen Stadium, vor der Blüte, ist es schwierig, die verschiedenen Arten zu unterscheiden. Die fadenähnlichen Blätter erinnern an Schnittlauch, von weitem sogar an Grasbüschel, sind aber matt und manchmal von bläulicher Farbe. Die Blütenstände haben eine auffällige Form: Die rosa oder weißen Blüten hängen neben Luftzwiebeln, die manchmal schon sprießen.

Pflücken und kochen

Da man den Weinberg-Lauch bereits sehr früh im Frühjahr findet, ersetzen die jungen Blätter für längere Zeit den später austreibenden Schnittlauch aus dem Garten. In der gleichen Zeit kann man auch die Zwiebelchen ernten; an Stellen, wo die Erde locker ist, können mit etwas Fingerspitzengefühl die bis zu 10 Zentimeter unter der Erde steckenden Zwiebeln ausgegraben werden. Es empfiehlt sich, diese sofort nach und nach zu schälen, indem man das äußerste Häutchen abzieht; man kann nämlich in ein wahres Erntefieber kommen und viel zu viele sammeln, die dann zu Hause wegen fehlender Geduld auf dem Kompost landen. Die knackigen Luftzwiebeln wirken in Salaten wie kleine »Knoblauchbomben«.

Verwechslungsgefahr

Man kann die verschiedenen Arten der Gattung *Allium* untereinander verwechseln: Alle schmecken nach Lauch und sind essbar. Nicht nach Lauch hingegen schmecken die ebenfalls fadenförmigen, leuchtend grünen Blätter des Milchsterns *(Ornitogalum umbellatum)*, der oft an den gleichen Standorten wächst. Manche Autoren bezeichnen ihn als giftig, obwohl man früher schon vor allem die oberirdischen Teile gekocht genossen hat.

Links: Die Blätter des wilden Lauchs schmecken nach Zwiebel und Knoblauch.
Rechts oben: Die jungen Pflanzen haben noch zarte Zwiebelchen.
Rechts unten: Oft bilden die Blüten Luftzwiebelchen, die sehr lecker sind.

Rechte Seite: Tessiner Mortadella und Salami serviert mit Essiggemüse: vorne Weinberg-Lauch, hinten links Japanischer Knöterich, rechts Löwenzahnknospen.

Wilder Lauch mit Speck und blauen Kartoffeln

1 EL Bratbutter	In eine warme Bratpfanne geben.
100 g Räucherspeck, gewürfelt	Einige Minuten anbraten.
2 Handvoll junger Weinberg-Lauch (siehe Tipp)	
4 gekochte Kartoffeln, geschält und geschnitten	Mit dem Lauch in die Pfanne geben und unter öfterem Umrühren gleichmäßig anbraten.
Salz und Pfeffer aus der Mühle	Würzen. Warm als Beilage servieren.

Tipp: Weinberg-Lauch muss sehr früh im Frühjahr geerntet werden, da der Stängel schnell zäh wird; später nur den weißen Teil davon verwenden.

Essigzwiebeln

Lauchzwiebeln nach dem Rezept Seite 282 zubereiten.

Bärlauch

Allium ursinum
Liliengewächse

Die Bärlauchsaison beginnt sehr früh. Die tief im Boden steckenden Zwiebelchen (oben) sind saftig und knackig.

Habitat

Der Bärlauch ist der bekannteste wilde Lauch. Er kolonisiert große Waldflächen, wo er im Frühjahr anderen Pflanzen kaum eine Chance lässt. Sporadisch findet man ihn auch auf Wiesen, meist in Grenzzonen zwischen Wald und Wiese. Er liebt feuchte Böden.

Erkennungsmerkmale

Die Verbreitung der mehrjährigen Pflanze erfolgt durch Teilung der Zwiebeln und durch die Verschleppung der Samen durch vorbeiziehende Tiere. Die bis zu 30 Zentimeter langen, länglich-ovalen, glänzenden, leuchtend grünen Blätter haben sehr lange Blattstiele, die meist schon einzeln aus der Erde stoßen. Ganz am Anfang sind die seitlichen Blattränder nach hinten eingerollt. Sie haben eine fleischige, zarte Konsistenz und einen intensiven Knoblauchgeruch. Die Blütenstände stehen auf einem langen, dreieckigen Stiel, die Blüten sind weiß und sternförmig.

Pflücken und kochen

Sehr fein sind die Bärlauchblätter roh in Salaten, denen sie einen angenehmen, scharfen Geschmack verleihen. Auch als Pesto, mit Baumnüssen und Öl zerstampft, machen sie sich gut auf Teigwaren. Gekocht ist der Geschmack der Blätter weniger intensiv. Sie eignen sich zu Frittate, Suppen, pikanten Kuchen und vielem mehr. Der bis zu 50 Zentimeter lange Blütenstängel ist vor dem Aufgehen der Blüte am zartesten; er hat eine knackige Konsistenz und ergibt, in Essig eingelegt oder kurz gebraten, eine delikate Beilage. Die Blüten dekorieren Salate und Brötchen. Wenn die Blätter vergilben und sich die Kraft der Pflanze in die Zwiebeln zurückzieht, gräbt man diese (das kann auch früh im Frühjahr geschehen) und verwendet sie wie Knoblauch oder gewöhnliche Zwiebeln; sie sind knackig und haben einen ausgesprochen scharfen Geschmack.

Verwechslungsgefahr

Beim Bärlauch besteht eine Verwechslungsgefahr vor allem mit zwei giftigen Pflanzen: mit der tödlichen Herbstzeitlosen *(Colchicum autumnale)* und mit dem Maiglöckchen *(Convallaria majalis)*. Die Herbstzeitlose unterscheidet sich durch die als Bund wachsenden dunkleren und ledrigeren Blätter, die ineinandergerollt aus dem Boden ragen; da sie in der Wiese wächst, kann sie dem Waldrand entlang neben dem Bärlauch vorkommen. Um sicher zu sein, reicht es dann, zum Pflücken ein paar Meter in den Wald hineinzugehen (siehe auch Foto Seite 21). Das Maiglöckchen *(Convallaria majalis)* entwickelt sich erst später im Jahr, es hat einen einzigen, dünnen Stiel und zähere, mattgrüne Blätter. Beiden fehlt der für den Bärlauch typische Knoblauchgeruch.

Oben: Bärlauch besiedelt große Waldflächen.
Unten links: Die Blüten sind nicht nur dekorativ, sondern auch eine Delikatesse.
Unten rechts: Man verwendet die Blütenknospen mit dem langen Stängel.

Hüttenkäse mit Bärlauchzwiebeln

200 g Hüttenkäse
2–3 EL Bärlauchzwiebeln, in ganz feine Scheiben geschnitten
1 Prise Kräutermeersalz
1 TL Olivenöl

Alles mischen und auf Crackern oder geröstetem Brot servieren.

Bärlauchknospen mit Karotten und Ingwer

3 Handvoll Bärlauchstängel (siehe Tipp)

In 3–4 cm breite Stücke schneiden.

1 EL gehackter frischer Ingwer
2 Karotten, in Stäbchen geschnitten
1 EL mildes Sonnenblumenöl

In einer Bratpfanne oder einem Wok erhitzen und das Gemüse auf starkem Feuer 2–3 Minuten scharf anbraten, dabei stets umrühren und eventuell mit wenig Wasser bespritzen, damit etwas Dampf entsteht.

1 Handvoll Sojasprosse

Dazugeben und noch 1 Minute braten.

2 EL Tamari

Würzen.
Als Beilage oder mit etwas Zitronensaft beträufelt als Vorspeise servieren. (Bild Seite 245)

Tipp: Für dieses Gericht pflückt man die langen Stängel mit den noch geschlossenen Blüten.

Variante: Gegen Ende der Garzeit gekochten Vollkornreis dazugeben und mitbraten und nach Belieben ergänzen mit anderem Gemüse, Tofu, Crevetten, Algen usw. (Bild unten).

Bärlauchauflauf mit Buchweizen

100 g Pilze, in Scheiben geschnitten
1 TL Bratbutter

In der heißen Bratbutter die Pilze kurz und sehr scharf anbraten; beiseite stellen.

200 ml Wasser
100 ml Rahm
1 EL Tamari
1 TL Gemüsebrühepulver
100 g Buchweizen
je 1 Prise Paprika, Nelkenpulver und Muskatnuss
50 g Glaskrautblätter und -spitzen (Seite 55), grob gehackt
150 g Bärlauchblätter, fein geschnitten

Alle Zutaten zusammen mit den Pilzen in einer Schüssel gut vermengen. In eine ausgebutterte ofenfeste Form füllen, glatt streichen, mit dem Deckel oder mit Alufolie zudecken und im Ofen bei 180 Grad 45 Minuten garen. Warm als Hauptspeise servieren.

Varianten: 10 Minuten vor Ende der Backzeit Weich- oder Alpenkäse daraufgeben und gratinieren oder den Käse in Würfeln am Anfang zur Masse geben.
Viele Kräuter können den Bärlauch in diesem Gericht begleiten oder ersetzen: Weiße Melde (Seite 73), Guter Heinrich (Seite 69), Giersch (Seite 173), Bärenklau (Seite 181), Sternmiere (Seite 79), Brennnessel (Seite 47).

Grünes Bulgur

400 ml Wasser
1 Lorbeerblatt
1 TL Gemüsebrühepulver

In einem Topf zum Kochen bringen.

200 ml Bulgur

Dazugeben und die Hitze langsam reduzieren.

1 Handvoll Bärlauchblätter, gehackt

Nach 5 Minuten Kochzeit beifügen, einmal umrühren, nochmals 1 Minute aufkochen, dann den Topf zugedeckt auf der ausgeschalteten Herdplatte mindestens 15 Minuten ruhen lassen. Das Bulgur mit einer Gabel auflockern.

1 EL Olivenöl

Darüberträufeln und als Beilage servieren.
(Bild Seite 179)

Bärlauchauflauf mit Buchweizen.

nea edilizia

Glossar

Anbraten: Die in meinen Rezepten häufiger vorkommende Formulierung »lang und langsam anbraten« bedeutet, dass das Röstgemüse anfangs auf mittlerem, dann auf kleinem Feuer angebraten wird, sodass der im Gemüse enthaltene Zucker karamellisiert. Dieses langsame Anbraten, das bis zu 20 Minuten dauern kann, gibt dem Gericht eine runde, geschmacksintensive Basis. Beim Anbraten wärme ich immer zuerst die leere Pfanne oder den Topf auf die gewünschte Temperatur vor und gebe erst dann das Fett und sofort danach das Bratgut dazu. Dies hat den Vorteil, dass das Fett nicht verbrennt, auch wenn man mit höheren Brattemperaturen arbeitet, wie zum Beispiel bei Bratgut, das gerne Wasser zieht (oft bei Fleisch, aber auch bei Zwiebeln oder anderem Gemüse).

Birnendicksaft, auch Birnel genannt: eingedickter, teilweise entsäuerter Birnensaft. Das honigartige Produkt ist ein idealer und gesunder Zuckerersatz, vor allem für Früchte-Desserts. Mit dem Konsum von Birnendicksaft unterstützt man nebenbei auch die Erhaltung der wunderschönen Hochstamm-Obstplantagen, die vom Aussterben bedroht sind.

Dinkel, siehe Einkorn

Einkorn, Emmer und **Dinkel** gehören zu den ältesten kultivierten Getreidearten, die heute vor allem im Biolandbau als Alternative zum Weizen geschätzt werden. Das im Anbau anspruchslose **Einkorn** *(Triticum monococum)* hat als regionale Spezialität überlebt; **Dinkel** oder Spelz *(Triticum spelta)* ist besonders in Mitteleuropa sehr verbreitet, während **Emmer** *(Triticum dicocum)* in Italien beliebter ist. In den Rezepten in diesem Buch können sie jeweils durch Weizen ersetzt werden wie auch umgekehrt als Ersatz für diesen dienen.

Farina bona: Feines Mehl aus geröstetem Mais, ein traditionelles Produkt aus dem Onsernonetal im Tessin. Man kann es auch ungekocht, für pikante und süße Speisen verwenden, z.B. zum Herstellen von Cremen und Mousses, für Salatsaucen, zum Eindicken von Gemüsepürees oder Saucen. Es hat einen kräftigen Röstgeschmack, der an Popcorn erinnert. www.farinabona.ch

Fisch: Für den nachhaltigen Konsum von Fisch geben internationale Organisationen wie Slow Food, WWF und Greenpeace praktische Hinweise zu einem guten, sauberen und fairen Umgang damit. www.wwf.ch/fisch, www.slowfish.it

Formaggini (oder Büscion, Agrini): Kleine Frischkäse aus Kuh-, Ziegen- und Schafsmilch, die mit Hilfe von Milchsäuerung hergestellt werden. Man isst sie vor allem frisch; in diesem Stadium haben sie eine etwas bröckelige, trockene, aber formbare Konsistenz.

Frittata: Die italienische Version der spanischen Tortilla ist ein bis 2–3 Zentimeter dicker Eierkuchen, den man in der zugedeckten Pfanne langsam stocken lässt, bevor man ihn mit Hilfe eines flachen Deckels wendet; man kann ihn auch in einer geeigneten Form im Ofen backen. Der Eierbasis können jedes Kraut, aber auch gekochte Kartoffeln oder Getreide beigemischt werden.

Gemüsebrühepulver: Als konzentrierte Bouillon verwende ich Pulver anstelle von Paste oder Würfeln, da dieses sich besser dosieren und gut über das Kochgut verteilen lässt. Ich brauche es oft anstelle von Salz. Es gibt viele verschiedene Produkte, die sich im Geschmack sehr unterscheiden; verwenden Sie nach Möglichkeit ein Bioprodukt. Es lohnt sich, immer das gleiche Produkt zu verwenden, da man dann seinen Salzgehalt kennt und besser einschätzen kann.

Grünkern: Traditionelles Produkt aus Süddeutschland (Baden). Dinkel, den man vor der Vollreife erntet, wird über einem Holzfeuer gedarrt, was ihm eine feine, rauchige Note verleiht.

Kräutermeersalz: Wegen seiner sehr feinen Struktur (das Salz löst sich schneller auf) und seinem ausgewogenen Geschmack verwende ich sehr oft das Produkt Trocomare anstelle von Salz.

Knoblauch: In fast in allen Rezepten wird Knoblauch gepresst verwendet, das heißt nicht die ganzen gequetschten bzw. flachgedrückten Zehen, sondern nur das durch die Knoblauchpresse gedrückte Mark, das so einfach im Gericht zu verteilen ist.

Kürbis ist eine meiner großen Winterleidenschaften. Ich verwende meist mehr als dreißig verschiedene Sorten. Wichtig ist, ausgewiesene Sorten zu wählen, die einen eigenen Namen tragen. Sie können auch klein sein, müssen aber festes, schmackhaftes Fleisch mit einem charaktervollen Geschmack haben. Ich unterscheide zwischen den Moschus-Arten, die man auch gut roh essen kann, und anderen Sorten, die ich lieber gekocht verwende.

Manouri: Eine griechische Spezialität. Eine Art mit Rahm angereicherter und gepresster ricottaähnlicher Frischkäse aus Schaf- und/oder Ziegenmilch. Er hat einen süßlichen Geschmack und eine geschmeidige Konsistenz.

Mandelpüree/Nusspüree: Im Bioladen oder Reformhaus erhältliches Nussmus, das aus Nüssen oder Ölsamen hergestellt wird, die ganz fein vermahlen werden. Da sie keine Zusatzstoffe enthalten, trennt sich allmählich das schwerere Nussmark vom Öl, wird aber durch Umrühren wieder homogen und geschmeidig. Nussmus verleiht Gerichten einen feinen Geschmack (weißes Mandelpüree ist das neutralste) und eignet sich andererseits hervorragend zum Binden von kalten Massen und Flüssigkeiten.

Marantamehl: Maranta-Tapioka-Mehlmischung (oder auch reines Maranta- bzw. Tapiokamehl) ist eine geruchs- und geschmacksneutrale, sehr gut verdauliche Stärke, die man wie Maismehl (Maizena/Mondamin) verwendet. Man findet sie in Bio- und Reformläden.

Öle: Prinzipiell verwende ich für Salate und das Abschmecken von Gerichten, die nicht weiter gekocht werden, immer kaltgepresste Öle. Ich verfüge über eine große Auswahl davon, auch sehr spezielle, weil jedes den Gerichten eine andere, spezifische Note verleiht. Sie lassen sich natürlich durch die gängigen Sorten ersetzen. Bei den Baumnuss-, Haselnuss-, Mandel-, Erdnuss und Pinienkern-Ölen handelt es sich meistens um solche, die aus leicht geröstetem Pressgut hergestellt wurden, was ihnen einen intensiveren Geschmack verleiht (www.huilerie-de-severy.ch). Bioläden bieten eine breite Auswahl weiterer kaltgepresster Öle, z.B. aus Sonnenblumenkernen (ausgeprägter Geschmack), Raps (ein Kreuzblütler), Disteln, Sesam, Kürbiskernen.
Zum Kochen verwende ich Olivenöl (verschiedene Sorten, alle kaltgepresst) und das unter dem Markennamen »Biofrit« erhältliche milde Sonnenblumenöl (»Bratöl«), das aus einer High-oleic-Sonnenblumensorte (mit einem hohen Anteil an sehr hitzestabiler Ölsäure) gepresst wird. Dieses Öl ist daher hoch erhitzbar und kann sogar zum Frittieren gebraucht werden. Durch die sogenannte Desodorierung, den Entzug von Geruchsstoffen, bekommt es einen milden, relativ neutralen Geschmack. Man kann damit auch andere Öle mischen, die für ein bestimmtes Gericht sonst zu intensiv wären; es ist auch ideal für Mayonnaise (www.sabo-oil.com).

Zitronen-/Mandarinen-/Orangen-Olivenöl:
Für diese Extravergine-Öle (z.B. von Nicola di Capua, www.ledelizie.ch) werden die jeweiligen Zitrusfrüchte zusammen mit den Oliven kaltgepresst. So mischen sich die ätherischen Öle aus den Zitrusschalen direkt mit dem Olivenöl.

Petersilienwurzel hat die Form einer Karotte, ist aber ganz weiß und schmeckt ähnlich wie Knollensellerie (kann auch durch diesen ersetzt werden).

Palmzucker: Der dunkle, konzentrierte und kristallisierte Pflanzensaft einer Palmensorte schmeckt aromatisch und hat eine leichte Karamellnote; kann durch Vollrohrzucker ersetzt werden.

Pfeffer: Ich verwende am liebsten schwarzen Pfeffer, frisch aus der Mühle. Im Tessin gibt es einen handwerklich produzierten Pfeffer, den Pepe della Valle Maggia (www.puntoverdebignasco.ch); es handelt sich um einen grobkörnigen schwarzen Pfeffer, der mit Weißwein, Grappa und Whisky befeuchtet wird.

Polenta rossa: Vollkornpolentagrieß aus einer alten, sehr schmackhaften Maissorte (Rosso del Ticino), die erst vor kurzem dank Slow Food und Pro Specie Rara wiederentdeckt wurde.

Quinoa: Die kleinen Körner sind die Samen eines aus Südamerika stammenden Fuchsschwanzgewächses. Man verwendet sie wie Getreide. Quinoa ist glutenfrei und enthält unter anderem viel Eiweiß.

Ricotta: Frischkäseprodukt aus der nach dem Käsen zurückbleibenden frischen Molke, die aufgekocht und zum Ausflocken gebracht wird. Nach dem Abtropfen wird er frisch, gesalzen, geräuchert oder im Ofen gebacken verkauft.

Rotauge *(Rutilus rutilus,* aus der Familie der Karpfenfische, franz. Gardon): Eine ursprünglich bei uns nicht heimische Fischart, die heute in den Seen der italienischen Schweiz häufig vorkommt (siehe Seite 214).

Robiola oder Formaggino basso ist ein in der italienischen Schweiz produzierter kleiner, flacher Frischkäse aus eingelabter Milch (im Gegensatz zu den Formaggini alti oder Büscion, die aus eingesäuerter Milch sind). Er wird meistens ganz frisch konsumiert, mit Salz, Essig und Öl, kann aber auch gereift angeboten werden.

Sherry: Neben Kräutermeersalz eine zweite typische Würzzutat in meiner Küche. Ich gebe gerne zuletzt etwas Sherry extra dry in Suppen, Risotti und Saucen. Ich liebe seine aromatische, leicht säuerliche Note.

Seitan: Handwerklich hergestelltes Produkt aus Weizen oder Dinkel, das eine fleischähnliche Konsistenz (nassem Brot ähnlich) hat. Es besteht aus dem Getreide-Eiweiß Gluten. Dank der würzigen, mit Sojasauce angereicherten Marinade, ist es sehr schmackhaft. Siehe auch www.tigusto.ch.

Sprosse: Linsen, Bohnen und Kichererbsen kann man einfach zu Hause selbst keimen und sprießen lassen (siehe Seite 40).

Suribachi: Japanischer Steingutmörser mit gerillter Innenseite und Holzstößel; ein sehr praktisches Werkzeug zum Zermalmen von Kräutern oder Gewürzen.

Tofu: Aus Sojabohnen hergestelltes Produkt mit relativ neutralem Geschmack. Beachten Sie beim Kauf, dass der Tofu aus biologischer Produktion stammt, um sicher zu gehen, dass er handwerklich und ohne genetisch veränderte Bestandteile hergestellt ist (siehe auch www.tigusto.ch).
Seidentofu (Kinugoshi) ist ein speziell weicher Tofu, der sich ideal auch für süße Cremen eignet.

Tamari und **Shoyu:** Diese traditionellen japanischen Sojasaucen sind im Biohandel erhältlich und haben nichts mit den industriell hergestellten Sojasaucen zu tun. Durch die mehrjährige Fermentierung sind sie eine hervorragende Nahrungsergänzung und ein schmackhafter Salzersatz.

Vollkornmehl: Ich mahle Weizen und andere Getreide nach Bedarf selbst in einer (Haushalts-)Getreidemühle. Die Kleie muss dann je nach weiterer Verwendung noch ausgesiebt werden; diese kann zum Beispiel in Füllungen und Ähnlichem verwendet werden. In Bioläden und Reformhäusern steht den Kunden oft eine Getreidemühle zum Selbermahlen zur Verfügung. Ersatzweise gekauftes Vollkornmehl verwenden.

Vollrohrzucker: Eingedickter, unraffinierter Saft des Zuckerrohrs. Er hat eine sehr dunkle Farbe und einen aromatischen, leicht bitteren Röstgeschmack und passt zu dunklen Backwaren, Schokolade, Nüssen, Samen und Geröstetem.

Zum Thema Giftigkeit

Pyrrolizidinalkaloide

von Jürgen Guthmann aus »Essbare Wildpflanzen«
von S. G. Fleischhauer, J. Guthmann, R. Spiegelberger

Die Diskussion über pyrrolizidinhaltige Pflanzen ist erst einige Jahre alt. In vielen Fachbüchern über Heil- und Nahrungspflanzen sind diese Pflanzen selbstverständlich enthalten und es finden sich zu einer Gefährdung oft keinerlei Hinweise. Im Gegenteil, sind doch etliche geschätzte Heil- und Nahrungspflanzen wie der Huflattich und der Beinwell darunter, die früher gern und reichlich eingesetzt wurden, ohne dass etwas über Schädigungen bekannt geworden wäre.
Im vorliegenden Buch sind die pyrrolizidinhaltigen Pflanzen Natternkopf, Huflattich, Beinwell und Vergissmeinnicht beschrieben.
Pyrrolizidinalkaloide (PA) sind weit verbreitet im Pflanzenreich. Sie sind in zahlreichen Pflanzenfamilien, besonders aber in der Familie der Raublattgewächse *(Boraginaceae)* und den Asterngewächsen *(Asteraceae)* enthalten. Man findet sie aber auch dort, wo man sie nicht vermuten würde, zum Beispiel in Honig und Milch von Kühen, Schafen und Ziegen, die alkaloidhaltiges Futter in größeren Mengen zu sich genommen haben. Bis heute sind etwa 200 strukturell verschiedene Alkaloide beschrieben. Diese Verbindungen sind von Bedeutung, da sie in hoher Dosierung und über einen längeren Zeitraum kontinuierlich verabreicht im Tierversuch krebserregende, lebertoxische und genschädigende Wirkungen gezeigt haben. Der Grad der Giftigkeit ist abhängig von der Struktur der Verbindungen. Wie immer stellt sich hier die Frage der Übertragbarkeit von Tierversuchen auf den Menschen.

Das Bleniotal mit seinem Wahrzeichen, dem Berg Sosto.

Bild Seite 309: Mona Caron, Muralistin in San Francisco, malt eine Rapunzel an die Hauswand der Casa Meragusto. www.monacaron.com

Der Gesetzgeber rät, Heil- und Nahrungspflanzen, die Pyrrolizidinalkaloide enthalten, nicht über einen längeren Zeitraum oder in größeren Mengen zu konsumieren. Manche Autoren halten einen gelegentlichen Verzehr, insbesondere kleiner Mengen, für unbedenklich. Eine abschließende Risikobewertung wird es in diesem und in vielen anderen Fällen als bedenklich eingeschätzter Stoffe wohl nie geben, da Versuche am Menschen nicht möglich sind und mögliche statistische Verfahren stark fehlerbehaftet sind (siehe zum Beispiel die Gefahreneinschätzung bezüglich Koffein im Kaffee).
Die Pyrrolizidinalkaloide zeigen keine oder nur geringe akute (sofortige) Toxizität. Sie werden erst im Organismus zu den eigentlichen toxischen Verbindungen abgebaut. Dieser Prozess läuft in der Leber ab.
Pyrrolizidinalkaloide kommen in einigen Heilpflanzen vor. In Europa sind dies beispielsweise Beinwell (und andere *Symphytum*-Arten), Borretsch, Huflattich, Pestwurz (und andere *Petasites*-Arten), Sonnenhut.
Der Gesetzgeber hat im Stufenplan zur Abwehr von Arzneimittelrisiken 1992 festgelegt, dass Pflanzen und Zubereitungen hieraus nur in den Handel gebracht werden dürfen, wenn sichergestellt ist, dass die tägliche maximale Aufnahme an toxischen Pyrrolizidinalkaloiden unter einem Mikrogramm liegt. Mittlerweile wurden pyrrolizidinfreie Pflanzen gezüchtet und können für pharmazeutische Präparate eingesetzt werden.
Der Wildpflanzensammler muss die Verantwortung und die Entscheidung für den Einsatz derartiger Pflanzen selbst übernehmen.

Danksagung

Ich danke von Herzen allen Freunden und Bekannten, die mich und uns bei diesem Projekt unterstützt haben. Unmöglich kann ich hier alle auflisten, dennoch möchte ich einige von ihnen speziell erwähnen.

Ein großer Dank geht an:

Hans-Peter Siffert: Erst seine Beharrlichkeit hat das Projekt zum Laufen gebracht. Die intensive Zusammenarbeit mit ihm war getragen von echtem gegenseitigem Interesse. Seine Professionalität und gleichzeitige Offenheit haben erst das Zusammenspiel von Bild und Text ermöglicht. Es war eine äußerst kreative Zeit, in der wir auch viel Spaß hatten.

Roger Staub, meinen Partner, für seine Unterstützung in dieser für mich so intensiven Zeit. Er hat mich oft aus dem Schreibstau ins kreative Schaffen zurückgeholt.

Marlene Eggenberger, die Frau von Hans-Peter Siffert, die uns mit Rat und Tat gestärkt hat.

Fausto Pollini für die Korrektur der italienischen Version und Patricia Barbetti Bissegger für das kritische Gegenlesen.

Michèle Hallauer für die geduldige Korrektur der ersten deutschen Version des Textes.

Museo di Storia Naturale in Lugano und Nicola Schönenberger, der das Manuskript in beiden Sprachen nach botanischen Kriterien geprüft hat.

Elisabeth Danner: Sie half die letzten botanischen Unklarheiten in den Fotos zu lüften.

Stefano Cattori von Lineabioverde, der uns in Eilzeit eine praktische und für die Arbeit unentbehrliche Datenbank eingerichtet hat.

Meine lieben Freunde Eveline Moor und Martin Züllig, die von Anfang an mit Ideen und kritischen Beiträgen halfen, die Richtung zu finden.

Marianna Buser, meine Freundin und Kollegin, die mir dank ihrer großen Erfahrung immer wieder nützliche Hinweise gab.

Jean-Marc Seiler vom Wolfbach Verlag, der uns mit seinen fachkundigen Kenntnissen half, die richtige Form zu finden.

Meine Eltern, Bethli und Peter Bissegger, die mir die Leidenschaft für feines Essen und für die Natur mitgegeben haben.

Die vielen Gäste, Kursteilnehmerinnen und Kursteilnehmer, die mir mit ihrem Enthusiasmus und der Schwärmerei für meine Küche stets neue Kraft schenken.

Die großzügigen Gönner und Gönnerinnen, die mit ihrer finanziellen Unterstützung dieses Unterfangen erst ermöglicht haben (siehe unten).

Regula Langemann und Suna Yamaner, die der Idee zur Finanzierung dieses Projekts Schwung verliehen.

Urs Hunziker vom AT Verlag, der dieses Buch von Anfang an sehr unterstützt hat, sowie Fabio Casagrande, der die italienische Version ermöglicht hat.

Allen Mitarbeitern und Mitarbeiterinnen der beiden Verlage, die uns so gut unterstützt haben.

Claudio Giannini, Granito Legiuna SA, der uns verschiedene Tessiner Granitsteine für die Fotoaufnahmen zur Verfügung stellte.

Folgende Sponsoren haben das Buchprojekt mit einem maßgeblichen Beitrag unterstützt:

Elisabeth und Hans Jecklin, E+H Kulturstiftung; Nelly Tacchella; Kurt Bächli; Martin Angermann und Familie; Associazione Cinema Blenio; Angelo Romanin, Romanin Weine; Anita Ricklin und Mario Rutz; Thomas Sonderegger; Rita Frehner; Hans Müller und Michèle Hallauer; Pierluigi Zanchi, Tigusto; Filippo Togni, Casavanni; Cati Buzi; Andreas Petersen und Ines Geipel; Antonina Stoll und Peter Bohny; Martha Bernoulli; Peter und Bethli Bissegger; Christine Gasner und Johanna Weibel; Lulu Cerny

Vielen Dank ihnen wie auch allen weiteren Gönnerinnen und Gönnern!

Meret Bissegger und Hans-Peter Siffert

Bücher und Internetadressen

Lauber, Konrad und Gerhart Wagner: Flora Helvetica, Haupt Verlag 1996
Eggenberger, Stefan und Adrian Möhl: Flora Vegetativa, Haupt Verlag 2007
Dietl, Walter und Manuel Jorquera: Wiesen- und Alpenpflanzen. Erkennen an den Blättern – Freuen an den Blüten, Leopoldsdorf bei Wien IZ: Österreichischer Agrarverlag (AVBUCH)/Zürich: FAL Reckenholz 2003
Fleischhauer, Steffen Guido, Jürgen Guthmann, Roland Spiegelberger: Essbare Wildpflanzen. 200 Arten bestimmen und verwenden, Aarau: AT Verlag 2007
Fleischhauer, Steffen Guido: Enzyklopädie der essbaren Wildpflanzen. 1500 Pflanzen Mitteleuropas mit 400 Farbfotos, Aarau: AT Verlag 2003
Fleischhauer, Steffen Guido: Wildpflanzen-Salate. Sammeltipps, Pflanzenporträts und 60 Rezepte, Aarau: AT Verlag 2006
Helm, Eve Marie: Feld-, Wald- und Wiesenkochbuch. Sammeln, Zubereiten und Einkochen von Wildgemüsen und Wildfrüchten, Zürich: Buchclub Ex libris 1979
Couplan, François: Wildpflanzen für die Küche. Botanik und Sammeltipps mit Rezepten von Jean-Marie Dumaine, Aarau: AT Verlag 1997
Bras, Michel und Alain Boudier: Le Livre de Michel Bras, Rodez: Editions du Rouergue 1991
Couplan, François und Eva Styner: Guide des Plantes sauvages et comestibles, Paris: Delachaux et Niestlé 1994
Couplan, François: Guide nutritionnel des Plantes sauvages et cultivées, Paris/Lausanne: Delachaux et Niestlé 1998
Machatschek, Michael: Nahrhafte Landschaften, Wien: Böhlau Verlag 1999
Dumaine, Jean-Marie: Meine Wildpflanzenküche. 150 Rezepte für Feinschmecker, Aarau: AT Verlag 2005
Dumaine, Jean-Marie: Kochen mit Wildpflanzen. Meine Lieblingsrezepte mit den 100 häufigsten Wildkräutern und Wildpflanzen, Aarau: AT Verlag 2008
De Lestrieux, Elisabeth und Jelena de Belder: Der Geschmack von Blumen und Blüten. Eine kulinarische Entdeckungsreise, Köln: DuMont Verlag 1993
Raithelhuber, Jörg: Arzneikräuter und Wildgemüse erkennen und benennen, Niederhausen/Ts: Falken Verlag 1979
Marti, Oskar: Ernten ohne zu säen. Kleine Wildpflanzenkunde, Zürich: Ex Libris Verlag 1985
Marti, Oskar: Die Natur im Kochtopf. 650 Rezepte aus Oskis Kräuterküche, Zürich: Ex Libris Verlag 1985
Bänziger, Erika: Wildkräuter, Fona Verlag 2008
Vonarburg, Bruno: Das Kräuterjahr, Zürich: Silva Verlag 1981
Geheimnisse und Heilkräfte der Pflanzen, Zürich: Verlag Das Beste aus Reader's Digest 1980
Bremness, Lesley: Das große Buch der Kräuter. Ein praktischer Führer für den Anbau, die Pflege und Verwendung von Kräutern, Aarau: AT Verlag 2000
Tscharner, Gisula und Heinz Knieriemen: Hexentrank und Wiesenschmaus. Rezepte aus der wilden Weiberküche, Aarau: AT Verlag 2001
Maag, Thuri und Georges Zeller: Schlemmereien aus der Natur. Kreationen aus der Blumenau mit Beeren- und Wildkräuter-ABC, Küttigen/Aarau: Midena Verlag 1992

Internet:

Neophyten und Schwarze Liste: www.cps-skew.ch und www.floraweb.de
Literatur zu Giftpflanzen unter: www.giftpflanzen.com
Weitere Pflanzenfotos: www.schweizerflora.ch
Spezielle oder regionale Produkte: www.kulinarischeserbe.ch
Großes Angebot an Informationen: www.essbare-wildpflanzen.de

Rezeptverzeichnis

Dips, Eingelegtes, Appetithappen
Aperitifs, wilde 202
Bärlauchzwiebeln, Hüttenkäse mit 303
Brennnesselbutter 50
Fetthenne-Spießchen 143
Gänseblümchenquark mit Lärche 239
Gemüse, rohes, mit verschiedenen Dips 136
Knoblauchrauke, Hüttenkäse mit 125
Löwenzahn-Oliven 282
Löwenzahnknospen, eingemacht 282
Pesto-Varianten 210
Salbeiblätter, frittiert 206
Sauerampfersauce, kalte 109
Schaumkraut-Frischkäse, Crostini mit 132
Taubnessel-Dip 202
Wegerichpesto 210
Wegerichquark mit Kräutern 210

Salate
Bittersalate, Tipps 140, 175, 176
Brennnessel-Linden-Salat 50
Brunnenkressesalat mit Brotcroûtons 129
Cardamine-Salat mit Makrelen 132
Feldsalat mit Veilchen 231
Ferkelkraut-Salat mit Kürbiskernöl 273
Frühlingsanfangssalat 140
Gänsedistelsalat mit Blaukäse 287
Giersch, Hochzeitssalat 175
Labkraut und Margeritensalat 222
Liliensalat mit marinierten Knospen 295
Lindensalat 114
Löwenzahn, Frühlingssalat mit Avocado 280
Milchkrautsalat mit Sardellen
und Knoblauch 276
Mohnblättersalat mit Kichererbsensprossen 40
Portulak, Sommersalat 61
Rainkohlsalat mit Topinambur 270
Rapunzel mit Hirtentäschel und Wicke 218
Scharbockskraut und Chicorée 37
Stellaria, Frühlingssalat 81
»Wassersalat« mit frittierten Fischen 214

Vorspeisen
Alliaria mit Linsensprossen 125
Bärenklau mit Kürbis und Mandarinenöl 185
Bärenklau, Reissalat mit 184
Bärlauch-Frittata 304
Bärlauch-Grünerbs-Püree 304
Beinwellpäckchen 193
Fichte, Grüner Frischkäse 34
Geißbartsalat mit geröstetem Mandelöl 148
Giersch mit blauen Kartoffeln, gedämpft 177
Giersch, Kartoffelsalat mit jungem 176
Gierschblütenknospen mit Frischkäse 175
Glaskrautterrine 56
Gundelreben-Frischkäse 198
Guter Heinrich, Tortilla 70
Hauswurz-Artischocke mit Haselnussdip 144
Hopfen mit mariniertem Tofu 45
Huflattichblüten, gebraten 256
Japanischer Knöterich, gefüllt 103
Kermesbeerenspargel mit mariniertem Tofu 64
Kletten-Flan mit Klettensprossen 260
Kletten-Zwiebel-Kuchen 259
Knoblauchrauke auf Kürbis 126
Labkraut-Frittata 222
Löwensalat, Russischer 281
Löwenzahngemüse mit Rotweinkastanien 283
Margeriten-Sprosse mit Kürbis und Sesam 245
Melde und Forelle, Pikanter Cake 76
Nachtkerzenblüten-Vorspeise 165
Pestwurzstängel mit Ingwer und Tamari 252
Pippau mit Kartoffeln und Olive 291
Pippausprosse mit Dörrtomaten 292
Rapunzelblüten mit Haselnussöl 218
Robinienknospe mit Haselnussöl 154
Rotaugen-Filets, mariniert 171
Sauerampfersalat mit Räucherforelle 110
Silberling-Brokkoli mit Mandelsplittern 136
Silene alla ligure 88
Sternmiere mit Zuckermais 82
Tagliliensprosse mit Zitronenöl 296
Wegerich, Linsen-Kräuter-Salat 209
Weidenröschensprosse mit Quinoa 162
Wicken mit Fave-Bohnen, Blühende 159
Wiesen-Kerbel, Beluga-Linsen mit 170
Zander mit Sauerampfersauce 111

Suppen
Alpensuppe mit Farina bona 70
Gänseblümchensuppe 239
Gierschsuppe 178
Reissuppe mit Leimkraut 87
Sternmiere-Sauerampfer-Creme 81

Hauptgerichte
Amarant-Mais-Auflauf 94
Amarant-Kuchen 93
Bärenklau-Hirse-Timbale 185
Bärlauch und Scamorza, Kastanienspätzli
mit 305
Bärlauchauflauf mit Buchweizen 306
Beifuß, Schweins-Kotelett mit 248
Brennnesseln und Räuchertofu, Pfannkuchen 52
Giersch und Pilze, Gerstotto 180
Glaskraut-Frikadellen 57
Hopfen, Grün-weiße Spaghetti mit 46
Kichererbsen in Gierschcreme 178
Knöterichpüree mit gebratenem Seitan 100
Kohldistel und Pinienkerne, Pasta mit 265
Kohldistel-Ricotta-Crêpes 266
Kuchen, pikante, Variationen 94
Leimkraut, Grünkernrisotto mit 90
Leimkraut-Malfatti mit Gundelrebenbutter 88
Melde, Farina-bona-Spätzli mit 75
Melde-Quinoa-Gratin 78
Mohn, Wiedervereinigung von Weizen und 41
Natterkopf und Ricotta, Kastaniencrêpe mit 188
Nesseln, Risotto 203
Pestwurz und Tofu, gebratener Reis mit 253
Portulak-Risotto 60
Sauerampfer-Fisch im Ofen 111
Sternmiere, Seitan-Cordon-bleu mit 82

Wildgemüse und Beilagen
Bärlauchknospen mit Karotten und Ingwer 303
Bulgur, grünes 306
Fichtensprossen, Karotten mit 33
Frühlingsgemüse, gebraten 65
Goldrute mit Chili und Kartoffeln 236
Gundelrebe, Kartoffeln mit 198
Hopfen, gratiniert 46
Knopfkraut-Kroketten, Kartoffel- 242
Knopfkraut, Rahm- 242
Liliensalat mit marinierten Knospen 295
Meldegemüse 77
Nachtkerzenwurzeln, gebraten 165
Rapunzel, Großes Mischgemüse mit 219
Taglilien-Gemüse mit Orangenschale 296
Waldspargeln mit Spiegelei 149
Wicke mit Speck 159
Wilder Lauch mit Speck 299

Desserts und Süßes
Brennnessel-Apfel-Törtchen 52
Erdbeeren mit Akazienblüten 154
Fichtensprossensauce, süße 33
Holunderblüten-Apfel-Kuchen 227
Holunderblütenküchlein 228
Holunderblütensirup 226
Japanischer-Knöterich-Kuchen 105
Japanischer Knöterich, gefüllt 103
Knöterich-Kompott 104
Veilchensirup, Panna cotta mit 118

Pflanzenverzeichnis

Abies alba 31
Achillea millefolium 232
Ackersalat, Echter 229
Aegopodium podagraria 173
Ajuga reptans 196
Akazie 152
Alliaria petiolata 123
Allium carinatum 297
Allium oleraceum 297
Allium ursinum 301
Allium vineale 297
Alpenampfer 96
Amarant, Zurückgekrümmter, Bastard-, Bläulicher 91
Amaranthus blitum 91
Amaranthus hybridus 91
Amaranthus retroflexus 91
Amerikanische Kermesbeere 62
Angelica sylvestris 166
Anthriscus sylvestris 168
Apiaceae, Familie 166
Arctium lappa 257
Arctium minus 257
Artemisia absinthium 247
Artemisia verlotiorum 247
Artemisia vulgaris 247
Aruncus dioicus 145
Aster spp. 237
Asteraceae, Familie 232
Atriplex spp. 66, 73
Bärenklau 181
Bärlauch 301
Baumtropf 173
Beifuß, Verlotscher, Gemeiner 247
Beinwell 190
Bellis perennis 237
Bettnässer 277
Blacke 96
Brassicaceae, Familie 120
Brennnessel 47
Brunnenkresse 127
Capsella bursa-pastoris 139
Cardamine amara 127
Cardamine hirsuta 131
Cardamine impatiens 131
Cardamine pratensis 131
Carduus personata 232
Carum carvi 166
Cercis siliquastrum 150
Chenopodiaceae, Familie 66
Chenopodium album 73
Chenopodium bonus-henricus 69
Chlöpferli 85
Chrottepösche 277
Cichorium intybus 232, 289
Cirsium oleraceum 263
Clematis vitalba 42
Crepis biennis 289
Crepis capillaris 289
Daucus carota 166
Distel 232, 263
Doldenblütler, Familie 166
Dost 194
Echium vulgare 187
Ehrenpreis, Bachbungen-, Blauer Wasser- 213
Eibe 31
Epilobium angustifolium 161
Fabaceae, Familie 150
Fallopia japonica 101
Feigwurz 34
Feldsalat 229
Ferkelkraut, Wiesen- 271
Fetthenne 141
Fettkraut 141
Fichte 31
Filipendula ulmaria 145
Franzosenkraut 240
Fuchsschwanz 91
Galeopsis spp. 201
Galinsoaga parviflora 240
Galinsoga ciliata 240
Galium aparine 220
Galium mollugo 220
Galium odoratum 220
Galium verum 220
Gänseblümchen 237
Gänsedistel, Kohl-, Raue 285
Gänsefuß, Weißer 73
Gänsefußgewächse, Familie 66
Geißfuß 173
Gemüse-Portulak 58
Gewürzbeifuß 247
Giersch 173
Glaskraut 55
Glechoma hederacea 196
Glizinie 150
Goldnessel 201
Goldrute, Kanadische, Echte, Spätblühende 235
Guasca 240
Gundelrebe 196
Gundermann 196
Guter Heinrich 69
Hauswurz 141
Hemerocallis fulva 293
Hemerocallis lilio-asphodelus 293
Heracleum sphondylium 181
Hieracium spp. 289
Hirtentäschel 139
Holunder, Schwarzer, Roter 224
Honigklee, Weißer 150
Hopfen 42
Huflattich 255
Hühnerdarm 79
Hülsenfrüchtler, Familie 150
Humulus lupulus 42
Hypochaeris radicata 271
Japanischer Knöterich 101
Judasbaum 150
Kerbel 168
Klatschnelke 85
Klee 150
Klette, Große, Kleine 257
Kletten-Distel 232
Knoblauch, Wilder 297
Knoblauchhederich 123
Knoblauchrauke 123
Knopfkraut, Bewimpertes, Kleinblütiges 240
Knöterich, Japanischer 101
Knöterich, Pfirsichblättriger, Vogel- 96
Knöterich, Schlangen- 98
Knöterichgewächse, Familie 96
Kohldistel 263
Kompass-Lattich 232
Korbblütler, Familie 232
Kratzdistel, Gemeine 263
Kreuzblütler Familie 120
Kümmel 166
Labkraut, Wiesen-, Kletten- 220
Lactuca serriola 232
Lamiaceae, Familie 194
Lamium album 201
Lamium galeobdolon 201
Lamium maculatum 201
Lamium purpureum 201
Lapsana communis 268
Lärche 31
Larix 31
Lathyrus pratensis 150, 157
Lathyrus spp. 157
Lauch, Weinberg-, Ross-, Kohl-, Wilder 297
Leguminosae, Familie 150
Leimkraut 85
Leontodon autumnalis 275, 290
Leontodon hispidus 275
Leucanthemum vulgare 243
Linde, Winter-, Sommer- 113
Lippenblütler, Familie 194
Löwenzahn 277
Löwenzahn, Gemeiner 275
Lunaria annua 135
Lunaria rediviva 135
Luzerne, Saat- 150
Mädesüß 145
Margerite, Wiesen- 243
Margritli 237
Maßliebchen 237
Mauerlattich 232
Medicago sativa 150
Meisterwurz 166
Melde, Weiße 73
Melilotus albus 150
Milchkraut, Raues, Steifhaariges 275
Mohn, Klatsch-, Schlaf- 38
Möhre, Wilde 166
Mondviole 135
Mycelis muralis 232
Myrrhis odorata 166
Nachtkerze, Zweijährige 163
Nachtschönheit 163
Nasturtium officinale 127
Natterkopf 187
Niele 42
Nüsslisalat 229
Oenothera biennis 163
Origanum vulgare 194
Papaver rhoeas 38
Papaver somniferum 38
Parietaria judaica 55
Parietaria officinalis 55
Pestwurz, Rote, Weiße 249
Petasites albus 249
Petasites hybridus 249
Peucedanum ostruthium 166
Phyteuma betonicifolium 215
Phyteuma spicatum 215
Phytolacca americana 62
Picea abies 31
Pippau, Kleinköpfiger, Wiesen- 289
Plantago lanceolata 207
Plantago major 207
Plantago media 207
Platterbse, Wiesen- 150
Polygonaceae, Familie 96

Polygonum aviculare 96
Polygonum cuspidatum 101
Polygonum bistorta 98
Polygonum persicaria 96
Portulaca oleracea 58
Portulak 58
Rainkohl 268
Ranunculus ficaria 34
Rapunzel 229
Rapunzel, Betonienblättrige, Ährige 215
Rapunzel, Gelbe 163
Reynoutria japonica 101
Reynoutria sachalinensis 101
Robinia pseudoacacia 152
Robinie 152
Rotfichte 31
Rottanne 31
Rumex acetosa 107
Rumex acetosella 107
Rumex alpestris 107
Rumex alpinus 96, 107
Rumex scutatus 107
Salbei 205
Salsola soda 66
Salvia pratensis 205
Sambucus nigra 224
Sambucus racemosa 224
Sauerampfer 107
Schafgarbe 232
Scharbockskraut 34
Schaumkraut, Bitteres 127
Schaumkraut, Spring-, Wiesen-, Vielstängeliges 131
Scheinakazie 152
Schinkenwurz 163
Schlangenknöterich 98
Schmerwurz 42
Schmetterlingsblütler, Familie 150
Sedum acre 141
Sedum album 141
Sedum dasyphyllum 141
Sedum telephium 141
Sempervivum tectorum 141
Silberblatt 135
Silberling 135
Silene vulgaris 85
Söiblueme 277
Solidago canadensis 235
Solidago gigantea 235
Solidago virgaurea 235
Sonchus asper 285
Sonchus oleraceus 285
Spinat, Wilder 69
Spitz-Wegerich 207
Springkraut 131
Stauden-Feuerkraut 161
Stellaria media 79
Sternmiere 79
Süßdolde 166
Symphytum bulbosum 190
Symphytum officinale 190
Symphytum tuberosum 190
Taglilie, Gelbrote, Gelbe 293
Tamus communis 42
Tanne 31
Taraxacum officinale 277
Taubenkropf 85
Taubnessel, Weiße, Acker-, Gefleckte 201
Taxus bacata 31
Teufelskralle 215
Thymian, Feld- 194
Thymus serpyllum 194
Tilia cordata 113
Tilia platyphyllos 113
Tragopogon pratensis 232
Trifolium spp. 150
Tussilago farfara 255
Umbellifereae, Familie 166
Urtica dioica 47
Valerianella locusta 229
Veilchen 115
Veronica anagallis-acquatica 213
Veronica beccabunga 213
Vicia cracca 157
Vicia hirsuta 157
Vicia sativa 157
Vicia sepium 157
Viola biflora 115
Viola odorata 115
Viola tricolor 115
Vogelmiere 79
Waldengelwurz 166
Waldgeißbart 145
Waldmeister 220
Waldrebe 42
Wallwurz, Echte, Knotige, Knollige 190
Wegerich, Spitz-, Breit-, Mittlerer 207
Wegwarte 232
Weidenröschen, Schmalblättriges, Wald- 161
Weißer Gänsefuß 73
Weißtanne 31
Wermut, Wilder 247
Wicke, Futter-,Vogel-, Zaun-, Rauhaarige 157
Wiesenbärenklau 181
Wiesenbocksbart 232
Wiesenkerbel 168
Wiesenkresse 131
Wiesensalbei 205
Wilder Knoblauch 297
Wilder Lauch 297
Wilder Spinat 69
Wohlriechendes Veilchen 115

Hans-Peter Siffert

1954 in Bern geboren, lebt in Winterthur. Fotograf mit den Themenschwerpunkten Wein, Reisen und Gastronomie. Zahlreiche Publikationen in Zeitschriften in der Schweiz und in Deutschland. 2005 ist im AT Verlag das Buch »I Sapori del Piemonte« mit Fotos von ihm erschienen.

Sein Bildarchiv ist über folgende Bilddatenbank verfügbar:
www.weinweltfoto.ch

Meret Bissegger

Die im Tessin aufgewachsene Köchin Meret Bissegger spielt leidenschaftlich gerne mit Gewürzen und aromatischen Kräutern, mit Gemüse und vergessenen Produkten, und im Frühjahr mit essbaren Wildkräutern. Nach vierzehn Jahren als Wirtin (u.a. von 1990 bis 2000 in ihrem Ristorante Ponte dei Cavalli in Cavigliano) gibt sie heute Kochkurse auf Italienisch und Deutsch und verwöhnt in ihrer sanft renovierten »Casa Merogusto« in Malvaglia interessierte Feinschmecker bei ihren »Tavolata«-Anlässen.
Die Verwendung biologischer, saisonaler und vollwertiger Produkte aus der Region ist für sie eine Selbstverständlichkeit. Sie engagiert sich in der Slow-Food-Bewegung und für nachhaltige Entwicklung.
Durch ihre Auftritte in Radio, Fernsehen und Printmedien ist sie einer breiten Öffentlichkeit bekannt.

Meret Bissegger
LA CUCINA NATURALE
Casa Merogusto
6713 Malvaglia
091 870 13 00
gusto@meretbissegger.ch
www.meretbissegger.ch

Ebenfalls erhältlich:

DVDs von NZZ Format zu
Meret Bissegger: Kochen mit Wildpflanzen

4 DVDs zu den Themen Frühling, Sommer, Herbst und Winter